박물관에서 읽는 세계사

박물관에서 읽는 세계사

2020년 12월 15일 초판 1쇄 발행

지은이 김문환

펴낸이 권이지

편 집 권이지

제 작 성광인쇄

펴낸곳 홀리데이북스
등 록 2014년 11월 20일 제2014-000092호
주 소 서울시 금천구 가산디지털1로 168 우림라이온스밸리 B동 712호
전 화 02-2026-0545
팩 스 02-2026-0547
E-mail editor@holidaybooks.co.kr

ISBN 979-11-967709-7-6 03900

박물관에서 읽는 세계사

김문환 지음

HOLIDAYBOOKS

목 차

서문

셋 - 전쟁과 정치

박물관 탐방 명단

서 문

얼마 전까지 일본산 아사히 맥주가 가게마다 넘쳐났다. 하지만, 사정이 달라졌다. 2019년 여름 일본의 경제도발 이후 국민의 자발적인 소비중단으로 국내에서 일본 맥주의 씨가 말랐다. 고대인들도 맥주를 마셨을까? 신석기 농사문명의 요람인 메소포타미아 수메르인들은 보리로 맥주를 빚었다. 당시 맥주는 요즘처럼 맑은 술이 아니고 걸쭉했다. 빨대를 꽂고 빨아먹는 일종의 밥이었다. 그래서 수메르인들에게 맥주는 월급이기도 했다. 베를린 노이에스 박물관에 가면 기원전 14세기 빨대로 맥주를 마시는 메소포타미아 사람을 그린 프레스코 그림을 만난다.

"서라벌 밝은 달에 밤들이 노닐다가/들어와 잠자리를 보니/가랑이가 넷이구나/둘은 나의 것이었고/둘은 누구의 것인가?/원래 내 것이지마는/빼앗긴 것을 어찌할까?"

고려 충렬왕 때 1281년 경 일연이 쓴『삼국유사』권2에 실린 신라 8구체 향가 '처용가處容歌'다. 향가라면 당시 유행가다. 유행가 가사 치고는 너무 노골적인 남녀 정사장면이 나온다. 하지만, 신라의 문화였다. 국립중앙박물관 신라 전시실로 가보자. 귀퉁이 유리 진열장에 흙으로 빚은 인형 토우土偶들이 눈길을 끈다. 1926년 경주 황남동에서 출토한 5세기 유물들의 주제는 '사랑'이다. 처용가에 나오는 가사처럼 정을 나누는 남녀의 모습이 선정적으로 묘사됐다.

> "부인은 남편을 하녀들 쫓아다니는 난봉꾼이라 부르는데, 그녀도 가
> 마꾼들 뒤를 매일 쫓아다니네."

프랑스의 로마 사학자 제롬 카르코피노가 쓴 『고대 로마의 일상생활』(우물이 있는 집, 류재화 옮김) 209쪽에 나오는 글귀다. 남녀 가릴 것 없이 향락에 빠진 로마의 일상이 생생히 묻어난다. 미국 시인 애드가 앨런 포는 1845년 '헬레네에게To Helen'라는 제목의 3연으로 된 개작시 2연에서 "영광은 그리스의 것이요, 위대함은 로마의 것To the glory that was Greece, And the grandeur that was Rome"이라고 읊조린다. 어느 문명권도 따라잡을 수 없는 '위대한(?)' 로마의 성문화는 야하다는 측면에서 동서고금에 따를 자가 없다. 폼페이 유곽에는 정사장면 그림을 그려놓고 그림에 나오는 포즈대로 요금을 매겼다고 하니…. 폼페이에서 출토한 1세기 로마의 조각이나 프레스코 그림, 모자이크 가운데 남녀 정사장면을 묘사한 유물들은 나폴리국립박물관에 즐비하다.

1924년 2월 12일. 이집트 투탕카멘(재위 기원전 1334~기원전 1325년) 무덤 현실의 12톤짜리 분홍 화강암 관 뚜껑이 열렸다. 순간 실망의 눈빛이 감돌았다. 3000년이 훨씬 지나 탈색된 천으로 둘둘 말린 물건이 나왔기 때문이다. 하지만, 천을 풀어내자 모두의 눈이 휘둥그레 졌다. 값비싼 원석과 유리로 장식된 길이 2.25m짜리 금박 목관이 나왔다. 그 안에는 더 화려한 2m짜리 금박목관, 그 안에 다시 놀랍게도 순금관이 들어있었다. 전 세계 어느 황금유물과도 비교할 수 없는 기념비적인 황금관은 두께 2~3.5㎝, 길이

1.87m의 순금이다. 무게는 110.4kg. 이 엄청난 금관 속에 투탕카멘의 미라가 아마천에 싸여 있었다. 투탕카멘 미라의 길이는 165㎝로 170여 개 부적과 보석, 장신구에 휘감겼다. 영생을 꿈꿨던 고대 이집트인들은 사람이 죽으면 정성들여 미라를 만들었다. 미라를 만들고 장례치를 때까지 총 70여 일이 걸렸다. 동방예의지국에서는 3일장, 5일장에도 기둥뿌리 흔들렸는데, 이집트는 장례 한번 치르면 가산을 탕진할 지경이었다.

이런 흥미로운 역사이야기들을 어떻게 알 수 있을까? 누가 들려줄까? 훌륭한 역사 선생님은 박물관이다. 지구촌의 인류역사를 수놓은 중요 문화예술품을 대거 소장한 파리 루브르나 런던 대영박물관만이 아니다. 중국의 한적한 시골, 중앙아시아 초원, 흑해 바닷가, 서아시아나 북아프리카의 사막 가릴 것 없이 유적지에 자리한 박물관들은 인류의 삶이 녹아든 유물을 전시중이다. 박물관에서 고대인의 삶을 되새기며 역사를 배운다. 박물관은 고리타분한 전시관, 박제화된 유물 보관창고가 아니다. 고대와 현대를, 옛 사람과 현대인을, 옛날 문화와 현대문화를 잇는 오작교다. 견우와 직녀가 오매불망 설레는 마음으로 만나는 오작교처럼 현대를 살아가는 우리와 먼저 살았던 옛사람이 설렘 속에 만나는 꿈의 다리다.

김구 선생의 문화 대국은 바른 역사인식에서 가능하고, 바른 역사 인식은 바른 역사이해에 뿌리를 둔다. 그 터전이 박물관이다. 지난 20여년 유라시아 대륙 구석구석을 탐방하며 박물관에서 취재한 동서양 고대인들의 아니, 현재도 이어지는 삶의 이야기를 생활문화 차원에서 조명하며 이번에 책으로 펴냈다. 1. 유흥과 영혼, 2. 학문과 문화, 3. 전쟁과 정치로 나눠 22개의 소재로 엮었다. 이번에 다루는 내용은 직접 발로 찾아 취재한 24개국 100개

박물관의 유물과 다양한 현장 유적을 바탕으로 삼았다. 사진은 직접 촬영한 것만 골랐다.

로마의 키케로가 남긴 "역사는 삶의 스승HISTORIA VITAE MAGISTRA"이라는 말처럼, 역사학자 카E. H Carr의 "역사는 과거와 현재의 대화, 현실을 이해하는 열쇠"라는 취지의 말처럼 졸저가 역사를 통해 오늘을 더 지혜롭고, 즐겁게 사는 디딤돌이 되길 기대해 본다.

2020년 7월 북악산 자락에서

하나
유흥과 영혼

1. 맥주 술 한 잔에 얽힌 유흥과 노동, 무역의 역사

2019년 여름까지 일본산 아사히 맥주가 가게마다 넘쳐났다. 하지만, 사정이 달라졌다. 일본의 경제도발이후 국민의 자발적인 소비중단으로 국내에서 일본 맥주의 씨가 말랐다는 소식이다. 관세청 수출입무역통계에 따르면 일본산 맥주의 2020년 4월 수입액은 63만 달러(약 7억5500만원)로 전년 동기 대비 87.8% 감소했다.

2009년 1월 이후 10년간 해외 맥주 한국시장 점유 1위를 지켜오던 일본

맥주 판매대의 아사히와 칭따오.

맥주 판매는 날개 없는 추락중이다. 반면 우리의 대 중국 맥주수출이 크게 늘어난다고 한다. 엇갈리는 동양 3국의 맥주 판도를 떠올리며 인류의 맥주 풍속사를 들여다본다.

상고시대부터 술을 즐긴 한민족

진수(233~297년)는 유비가 다스리던 촉나라 땅 사천성 출신의 진나라 역사가다. 그가 쓴 중국 역사책『삼국지三國志』권30 위서魏書 동이전東夷傳 부여조夫餘條를 보자. 부여는 고구려와 백제의 기원으로 우리민족의 뿌리를 이룬 나라다. '영고迎鼓'라고 불리는 부여의 풍속에 술 마시는 전통이 잘 드러난다. 부여조에 나오는 "會同, 拜爵, 洗爵, 揖讓升降。以殷正月祭天, 國中大會, 連日飲食歌舞"을 풀이하면 이렇다.

> "사람들이 모이면 술잔을 바치고, 씻고, 사양하며 들었다 놓는다. 은 정월에 하늘에 제사를 지내는데, 나라 한 가운데 크게 모여, 연일 먹고, 술 마시고, 노래 부르고, 춤을 춘다"

"술 마시고 노래하고 춤을 춰 봐도, 보이는 건…" 한때 청춘을 상징하던 송창식의 '고래사냥' 노랫말이다. 삼국지 동이전 속 부여인의 모습과 닮았다. 우리 민족의 정서는 사람 모이면 술 마시고 노래하고 춤추는 거다. 지금 즐겨 마시는 술로 아무래도 맥주를 꼽는다. 운동 뒤 갈증을 풀거나 무더위를 털어내는 시원한 청량감의 맥주는 소주에 버금가는 국민주로 손색없다.

1884년 인천항 통해 시작된 해외무역

우리나라에 맥주가 처음 들어온 것은 언제일까? 인천시립박물관에서 인

금계랍.
세창양행이 수입판매한 해열진통제. 당시 학질, 장티푸스 등에 만병통치약으로 인기를 모았다.
인천시립박물관.

천항 역사 자료와 유물을 들추면 얼추 답이 그려진다. 일본은 1875년 군함 운양호를 이끌고 강화도 앞바다에 나타나 조선을 개항하라고 윽박지른다. 겁먹은 조선은 1876년 일본과 조약을 맺고 외국에 문을 연다. 부산과 인천 (제물포), 원산 순서로 항구가 열렸다. 수도 한양에 가까운 인천항이 1883년 1월 1일 열린 이듬해 1884년 독일계 무역회사 세창양행이 사무소를 설치했다. 독일제 생활용품과 의약품 등을 수입 판매해 폭발적인 인기를 끌었다. 아직 일본 업체가 들어오기 전 조선 무역의 중심에 섰다.

세창양행은 독일 함부르크 출신 에드워드 마이어가 개설한 무역회사다. 당시 조선의 외교고문으로 일하던 독일인 묄렌도르프의 역할이 컸다. 묄렌도르프는 조선 내정을 간섭하던 중국 실권자 이홍장의 소개로 조선에 줄을

바늘.
세창양행이 수입판매하면서 최고의 인기를 누린 제품이다. 인천시립박물관.

댔다. 세창양행은 조선에 10만 냥이라는 거액을 빌려주는 등 개항 초기 큰

손이었다. 세창양행은 신문광고 역사와도 관계가 깊다. 조선에서는 1883년

최초의 신문 「한성순보」가 정부주도로 10일에 한번 발행됐다. 「한성순보」

는 갑신정변 뒤, 1886년 「한성주보」로 바뀌어 일주일에 한번 나왔다. 「한성

주보」 1886년 2월 22일자에 난 세창양행 광고가 국내 첫 신문광고로 기록된

다. 세창양행은 1896년 4월 7일 등장한 독립신문에도 1899년 12월 폐간 때

까지 광고를 낸 최대 광고주였다.

구한말부터 3세기 째 수입되는 아사히 맥주

　세창양행이 맥주의 나라 독일 출신답게 맥주를 수입했는지, 맥주광고를

했는지 아쉽게도 아직 자료를 구하지 못했다. 확실하게 알려진 국내 첫 맥

주광고는 1896년 인천에서 발행되던 일본어 신문 「조선신보」다. 여기에 아사히 맥주 광고가 실렸다. 축제 때 술 마시기 좋아하는 전통을 가진 우리나라에 일제 맥주 아사히가 들어온 것이 벌써 3세기 째다. 19세기 말에서 20세기를 거쳐 21세기까지. 독립운동은 못했어도 불매운동은 참여한다는 한국인들 애국심에 된서리를 맞은 아사히 맥주. 여기서 궁금해진다. 인류 역사에 맥주는 언제부터 등장한 것일까?

이백의 권주가와 청동유물에 비친 중국의 음주문화

술을 얘기하며 중국의 이 사람을 빼놓으면 허전하다. 이백(702~763년). 그가 남긴 '장진주將進酒'를 보자. 장진주는 중국 한나라 시대부터 내려오던 일종의 권주가를 가리킨다. '한 잔 들게'라는 의미다.

"한 잔 들게. 잔 멈추지 말고. 그대 위해 한 곡조 읊어보리니 나를 위해 귀기울여 들어보게. 풍악 소리나 푸짐한 안주 대단할 것은 없다네. 오직 원하는 것은 취한 상태로 남는 것. 옛 부터 성현들은 흔적 없이 사라져도 오직 술을 잘 마시는 이들은 이름을 남겼거든將進酒 杯莫停 與君歌一曲 請君爲我傾耳聽 鐘鼓饌玉不足貴 但願長醉不用醒 古來聖賢皆寂寞 惟有飮者留其名."

우리 민족만 술과 음악을 즐긴 게 아니었다. 성현도 필요 없고 술 잘 마시면 길이 이름을 남긴다는 이백의 술 예찬론에 진정한 자유인의 음주관이 묻어난다. 베이징국가박물관으로 가보자. 고대 청동 제기祭器 가운데서도 술을 담는 주기酒器가 눈에 띈다. 기원전 2000년 경 이리두 지역에서 출토된 청동 술잔, 상나라와 뒤이은 주나라 초기 허盉, 화라고 불린 술 주전자가 4000년 넘는 중국 음주문화를 전해준다. 맥주일까? 중국술은 발효주인 맥

청동 주기.
이리두 문화. 기원전 21세기. 베이징국가박물관.

청동 술주전자 허.
상(은)나라. 기원전 16~기원전 11세기. 베이징국가박물관.

주가 아니라 증류주다. 맥주를 찾아 인류 역사 여명기 문화의 중심지이던 고대 이집트로 무대를 옮겨 보자.

이집트 무덤에 공물로 맥주를 얼마나 넣었을까?

이집트 문명의 유물들을 보겠다고 무조건 이집트로 가면 실망하기 십상이다. 많은 이집트 유물을 프랑스나 영국, 독일, 이탈리아, 미국 같은 국가들이 합법적으로 취득하거나 혹은 알 수 없는 과정을 거쳐 다수 소장하고 있기 때문이다.

프랑스 루브르박물관은 이집트 유물을 분야와 시대별로 가장 짜임새 있게 정리해 놓았다. 루브르박물관에 전시중인 4000년 된 무덤 묘지석 그림을 보자. 중국에서 청동 술그릇을 만들던 시기다. 주인공은 이집트 역사에

사크헤르티 묘지석 그림.
기원전 1970~기원전 1900년. 루브르박물관.

서 중왕국으로 불리는 12왕조 때 궁정 재무관 사크헤르티. 기원전 1970~기원전 1900년 사이 활동한 인물이다. 목에 우세크를 차고 선디트라 불리는 치마를 입은 사크헤르티가 근엄한 표정으로 앉아있다. 그 뒤로 아내가 다정한 포즈로 남편의 어깨에 손을 올린 채 앞을 바라본다. 사자다리 형상의 의자는 부와 권력을 상징한다.

두 사람 앞에는 정성스럽게 차린 제사상이 놓였다. 각종 과일과 고기, 야채가 수북하다. 고대 이집트인들은 망자가 사후세계에서 영원히 먹을 수 있는 넉넉한 양의 음식물을 이렇게 그림이나 조각으로 표현해 넣어줬다. 물론 실제 물품도 넣었다. 자손들은 효심을 강조하기 위해 무덤에 넣은 공물의 양을 상형문자로 적어뒀다.

사크헤르티 묘지석에 적힌 공물의 양이 놀랍다. 밀가루 빵 1000개, 각종 고기류 1000덩어리, 새 1000마리를 사후 음식으로 바쳤다. 맥주도 있을까? 당연하다. 묘지석 그림 오른쪽 아래 둥그런 도자기가 맥주단지다. 고작 하나? 그건 그림이고. 상형문자에 적힌 맥주단지는 몇 개일까? 1000개. 망자 사크헤르티가 중국의 이백처럼 고주망태가 되도록 마시는 술고래라서가 아니다. 영생을 하며 영겁永劫의 세월동안 마실 양이라 그렇다. 이제 4000년 전 맥주를 만들던 모습을 살펴보자.

맥주 빚는 이집트 여인

장소를 이탈리아 북부도시 토리노로 옮긴다. 2018년 여름 '노쇼'로 한국 팬들의 비난을 산 축구스타 크리스티아누 호날두가 활약하는 유벤투스의 연고지가 이곳이다. 피아트 자동차 공장도 토리노에 자리한다.

토리노 이집트박물관은 세계에서 가장 오래된 이집트 전문 박물관이다. 1759년부터 대량으로 이집트 유물을 모으기 시작해 1824년 문을 열었으니

맥주를 빚는 여인.
기원전 21~기원전 20세기. 토리노 이집트박물관.

200년 가깝다. 이집트 수도 카이로의 이집트박물관을 제외하면 가장 큰 이집트 전문 박물관으로 이름 높다. 이탈리아의 역사를 간단히 짚어보면 고개가 끄덕여진다.

이탈리아는 476년 서로마 제국 멸망 이후 여러 나라로 쪼개졌다. 그러다 1861년 통일왕국이 들어서고 1870년 교황청이 있는 로마까지 통합한다. 이 중심세력이 토리노를 수도로 삼던 사보이 왕가다. 1861년 통일왕국이 들어설 때 첫 이탈리아 수도 역시 토리노였다. 로마에 가면 비토리오 에마누엘레 기념관이 웅장한 자태를 뽐낸다. 사보이 왕가 출신으로 통일 이탈리아 왕국의 첫 왕이던 비토리오 에마누엘레를 기념하는 건물이다.

토리노 이집트박물관에는 이집트 역사에서 제1중간기로 불리는 기원전 21~기원전 20세기 무덤 프레스코가 탐방객을 맞는다. 출토지는 이집트 역사고도 룩소르에서 남쪽으로 30㎞ 떨어진 게벨레인. 무덤 주인공은 이티, 그리고 그의 아내 네페루. 신전 형태의 무덤을 장식하던 프레스코에 당시 풍속을 알려주는 다양한 그림이 담겼다. 그 중 하나가 맥주를 빚는 광경이다. 4000년 넘은 그림이라 선명하지는 않지만, 맥주단지들이 뚜렷하게 보인다. 화면 왼쪽에는 보리를 절구에 찧는 여인의 모습도 나온다. 당시 맥주는 보리를 찧은 즙이나 보리빵을 도금양 열매, 생강, 꿀 등으로 향을 낸 대추야자 즙에 넣어 발효시키는 방식이었다. 맥주를 여자들만 만들었나? 그렇지 않다.

맥주를 빚어 단지에 보관하는 남성들 조각

카이로 이집트박물관으로 가보자. 프랑스 고고학자 오귀스트 마리에트

카이로 이집트박물관.
타흐리르 광장 앞에 국제공모 설계로 1902년 완공됐다.

의 노력으로 1858년 문을 연 카이로 이집트박물관은 1902년 현재 타흐리르 광장 앞 건물로 옮겨왔다. 당시에는 국제 공모를 거친 최신 2층 건물이었지만, 이후 많은 유물이 추가로 발굴되면서 전시 공간은 날로 비좁아졌다. 지금은 100년도 넘은 데다, 제대로 보수도 안돼, 창고 수준으로 전락했다. 유물을 쌓아둔다는 표현이 어울릴 정도다. 기자의 피라미드단지 앞에 초대형 박물관을 완공해 이사 간다는 계획이 벌써 몇 차례 연기

맥주 빚는 남성 나무 조각.
기원전 2465~기원전 2323년.
카이로 이집트박물관

된 터라 정확한 개장 시기는 미지수다.

박물관 1층 서쪽 전시실에 보관중인 조각들을 보자. 건장한 체격의 남성들이 절구로 보이는 큰 통 앞에서 힘을 주어 일하는 모습이 인상적이다. 맥주 빚기다. 박물관 측은 이집트 고왕국 5왕조 때인 기원전 2465~기원전 2323년 사이에 만들어진 조각이라고 소개한다. 토리노 박물관에서 보던 프레스코보다 400여 년 앞선다. 이런 형태의 조각은 루브르에서도 볼 수 있다. 빚은 맥주를 잘 보관해야 할 텐데… 이 모습은 그리스 수도 아테네 고고학박물관의 이집트 전시실로 가면 확인 가능하다. 아테네고고학박물관의 나무 조각은 남성들이 맥주를 빚은 뒤 단지에 담아 보관하는 장면을 보여준다. 이렇게 빚은 맥주를 폼 나게 마시는 방법은?

맥주 빚어 단지에 담는 나무 조각.
아테네고고학박물관.

고대 맥주는 어떻게 마셨을까? 빨대로…?!

　무대를 독일 수도 베를린으로 옮겨보자. 평등이 실현된 민주주의, 건실한 자본주의, 근검절약의 나라 독일은 언제가도 배울 점이 눈에 들어온다. 베를린 시내를 관통하는 슈프레 강 한가운데 섬을 박물관 섬이라 부른다. 이곳에 알테스(구), 노이에스(신)박물관이 있는데, 노이에스 박물관의 주옥 같은 이집트 유물들이 탐방객에게 손짓한다. 그중 하나가 맥주 마시는 장면이다. 선술집에서 지인들과 와자지껄 희로애락을 나눌까? 집에서 혼술로 외로움을 달랠까? 고대의 맥주 마시는 장면이 궁금하다.

　이집트 역사에서 신왕국으로 부르는 18왕조. 기원전 14세기 그림이다. 오른쪽에 건장한 남성이 앉았다. 그 앞에 작은 체구의 남성 하인이 건장한 체격의 남성을 돕는 모습이다. 무엇을 도울까? 건장한 남성의 입을 보자. 빨대를 물었다. 오른손으로 잡은 빨대는 길게 장죽처럼 뻗는데, 'ㄱ'자로 꺾여 단

맥주 마시는 남성.
기원전 14세기. 베를린 노이에스 박물관.

지 속으로 들어간다. 단지는? 맥주
단지다. 하인은 주인 남자가 빨대
로 맥주를 빨아 마시는 것을 돕는
다. 오른쪽에는 주인 남자의 아내
로 보이는 여성이 이를 지켜본다.

　고대 맥주는 일종의 음식이었다.
배를 채우는 음식 성격이 컸다. 초
등학교 시절 시골서 먹던 술지게미
가 떠오른다. 막걸리를 거르고 남
은 찌꺼기. 알코올 기운이 남아 취
하지만, 쌀이 모자라 배고프던 70
년대 굶주린 농촌 아이들 배불리는

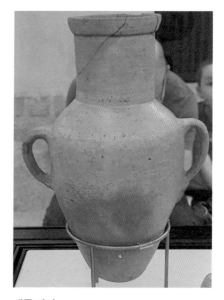

맥주 단지.
프레스코 속 단지와 생김이 같다.
기원전 14세기. 베를린 노이에스 박물관

데 안성맞춤이었다. 빨대로 맥주를 마시는 그림 속 남자의 차림을 보자. 이
집트인인가? 아니다.

맥주 잔 들고 의식 치르는 고대 메소포타미아 풍습

남자의 턱수염. 메소포타미아 출신이다. 허리춤에 찬 단도를 보자. 메소
포타미아에서 유행하는 칼이다. 이 건장한 남자는 메소포타미아에서 이집
트로 돈을 받고 군인이 돼 온 용병이라고 박물관 측은 소개한다. 빨대로 음
식처럼 먹는 맥주. 메소포타미아에서 시작된 생활문화다.

영국 런던 대영박물관으로 가보자. 메소포타미아 우르에서 출토한 유물
이 관심을 끈다. 일명 우르 스탠다드Standard of Ur. 2019년 7월 대영박물관
에서 우르 스탠다드에 대한 자세한 내용을 다시 취재했는데, 9월 9일부터는

우르 스탠다드.
기원전 2600~기원전 2500년. 런던 대영박물관.

맥주잔을 든 남성.
우르 스탠다드. 기원전 2600~기원전 2500년. 런던 대영박물관.

홍콩으로 장기 임대된다는 안내문구가 붙어 있었다. 2달 늦었으면 놓칠 뻔했다. 우르 스탠다드는 가로 49.53cm, 세로 21.59cm 크기의 속 빈 나무상자다. 표면에 당시 금보다 비싸던 아프가니스탄 청금석(라피스 라줄리)과 조개껍질을 역청으로 붙여 품격 있는 쪽빛으로 반짝인다. 일종의 모자이크 작품이다.

언제 만들어졌을까? 수메르인의 우르 1왕조 시기 왕실 묘지 779번 무덤에서 출토됐으니, 기원전 2600~기원전 2500년 사이다. 1927년에서 1928년까지 영국인 울리가 발굴해 대영박물관으로 가져왔다. 표면에는 전쟁과 평화를 모티프로 한 다양한 장면이 묘사됐다. 그중 평화 시기 축제장면이 눈길을 끄는데, 리라를 든 악사와 무용수 앞으로 맥주잔을 든 인물이 보인다. 맥주는 이집트에 앞서 메소포타미아의 문화였던 거다.

기원전 3000년 메소포타미아 월급은 맥주 재료

이제 맥주의 기원 탐방을 마무리할 때다. 종착역은 파리 루브르박물관. 이론의 여지없는 지구상 최고의 고대유물 보고인 루브르의 메소포타미아 전시실로 가보자. 침략자 셈족에 흡수돼 사라진 수메르인의 메소포타미아 문명이 남긴 최고의 위업은 문자다. 기원전 3300년 경으로 거슬러 올라가는 인류의 문자역사. 그 막을 올린 메소포타미아 쐐기문자의 초기 형태는 상형문자였다. 수메르인은 맨 처음 무슨 필요로 상형문자를 만들었을까? 무엇을 기록하고 싶었을까?

기원전 3000~기원전 3300년 사이 상형문자 점토판을 보자. 우르와 쌍벽을 이루던 고대 도시 우룩에서 출토됐다. 무엇이 쓰여 있는지 아니, 그려져 있는지 확인해 보자. 왼쪽 받침대 위에 마개가 덮인 단지가 보인다. 무슨 단

맥주 원료를 급료로 지급한 내용의 상형문자 점토판.
기원전 3300~기원전 3000년. 우룩 출토. 파리 루브르박물관.

지일까? 베를린 노이에스 박물관에서 보던 메소포타미아 맥주단지와 비슷하다. 아니, 맥주단지다. 오른쪽은 다양한 수효를 상징하는 점을 찍고 식물을 그렸다. 점은 숫자임을 알겠는데, 식물은? 발아보리다. 맥주 원료인 싹틔운 보리. 이제 점토판이 아닌 머릿속에 그림이 그려진다. 맥주 1단지를 빚을 수 있는 발아보리의 수효다. 용도는? 급료라고 루브르박물관 측은 설명한다. 지금부터 5000년 전 메소포타미아에서 월급은 식용 맥주 원료인 발아보리였다. 가장 오래된 맥주 관련 유물에서 보는 맥주와 인간 삶의 관계다.

2. 에로틱 조각 흙 속에서 발견된 고대의 성애 문화

2019년 이탈리아 폼페이 유적지에서 그리스 신화 속 절세가인 레다(스파르타 왕비)와 백조로 둔갑한 제우스의 사랑을 담은 2천 년 전 벽화가 출토돼 주목을 끌었다. 변장한 신과 미인의 사랑이란 점에서 우리의 고전 작품 신라 향가 처용가와 닮았다. 유독 사랑 소재 유물이 여럿 출토되던 신라와 향락문화가 고도로 발달했던 로마의 로맨스 예술을 들춰 본다.

처용가에 스며있는 신라 경주의 향락문화

"서라벌 밝은 달에 밤들이 노닐다가/들어와 잠자리를 보니/가랑이가 넷이구나/둘은 나의 것이었고/둘은 누구의 것인가?/원래 내 것이지마는/빼앗긴 것을 어찌할까?"

고려 충렬왕 때인 1281년 경 일연이 쓴『삼국유사』권2에 실린 신라 8구체 향가 '처용가處容歌'다. 일연은 신라 말기 헌강왕(재위 875~876년)으로부터 급간級干 벼슬을 받은 용왕의 아들 처용(외국인 추정)이 썼다고 적는다. 아울러 헌강왕이 인연을 맺어준 처용의 아내가 빼어난 미인이었다고 덧붙인다. 남편은 밤늦게까지 놀러 다니고, 아내는 사람으로 변한 역신疫神(전염병 전파 귀신)과 잠자리 갖는다는 내용이 놀랍다. 헌강왕의 여동생이 음란하다던 진성여왕(재위 887~897년)이고, 이때 향가집 '삼대목'을 각간角干 위홍이 편찬하니, '처용가'에 당시 풍속이 묻어난다고 해도 크게 틀리지 않는다.

신라의 정사 장면 토우들

국립중앙박물관 신라 전시실로 가보자. 귀퉁이 유리 진열장에 흙으로 빚은 인형 토우土偶들이 눈길을 끈다. 짐승, 일하는 사람들 사이로 예사롭지 않은 동작의 토우 3점이 눈에 확 들어온다. 일제가 1926년 경주 황남동에서 출토한 5세기 유물들의 주제는 '사랑'. 그렇다. 5㎝ 안팎의 안팎(부부)이 정을 나누는 사랑행위를 묘사하는데, 3점의 토우는 크기에 비해 무척 선정적이다.

소장품 번호 'K749'을 보자. 남녀가 팔로 서로의 허리를 끌어안은 채 꼭 붙은 모습에서 달아오른 부부 침실의 분위기가 물씬 풍긴다. 사진 왼쪽 아

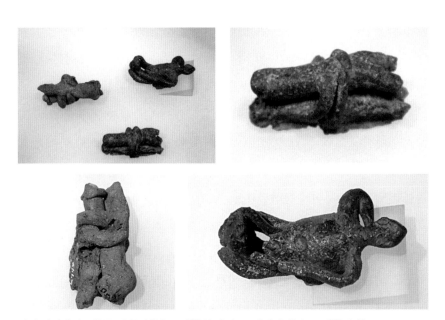

신라 사랑행위 토우들. 유물번호 'K749'(우상단), 'K750'(좌하단), 'K751'(우하단).
경주 황남동 출토. 5세기. 국립중앙박물관.

래에 있는 'K750'는 좀 더 노골적이다. 옆에서 보면 엉덩이 위아래 굴곡진 남녀의 신체가 더욱 드러나 보인다. 특이한 점은 왼쪽에 있는 인물이 머리에 터번을 둘렀다. 그렇다면 신라 토착민이라기보다 서역에서 들어온 소그드인일 가능성도 배제할 수 없다. 용왕의 아들 처용이 외국인일 가능성이 높듯이 말이다. 아니면 조각 자체가 서역에서 들어왔을 수도 있다. 오른쪽 아래 3번째 'K751'은 누워 있는 여성의 가슴이 봉긋하게 솟아 육감적이다. 크기가 6.1㎝로 사랑행위 토우 3점 가운데 가장 크다. 이밖에 수장고의 'K815'를 비롯해 국립중앙박물관 신라 정사장면 토우들은 처용가 속 '가랑이가 넷이구나' 노랫말과 겹쳐진다.

국내 가장 선정적인 유물, 국보 195호 토기

신라시대 로맨스 예술작품을 더 찾아보기 위해 국립경주박물관으로 발걸음을 옮긴다. 국내에서 가장 선정적인 모습을 담은 국보가 이곳에서 탐방객을 맞는다. 호기심 어린 기대를 저버리지 않을 만큼 충분히 야하다. 하지만, 경주시 황남동 대릉원 지구에서 출토한 방대한 분량의 황금 유물에만 눈길을 주다 보면 놓치기 십상이다. 주인공은 미추왕릉 지구 계림로 30호 무덤에서 출토한 국보 195호 토우장식 목항아리. 높이 34㎝로 밑이 둥글고 입구가 밖으로 약간 벌어졌다. 목에 4개의 돌출 선이 가로로 새겨졌다. 세로로 5개의 선 사이에 동심원과 뱀, 토끼, 개구리, 새, 거북이 등이 투박한 모습으로 인사를 건넨다.

일견 평범해 보이는 토우 장식이지만, 항아리 어깨와 목이 만나는 부분에 시선이 이르면 깜짝 놀라고 만다. 임산부가 현악기를 타는 장면 옆으로 남녀의 적나라한 정사장면이 마치 전위 예술처럼 조각돼 탐방객의 눈을 의심하게 만든다. 큼직한 상징을 곧추 세운 남성 앞으로 여인이 엉덩이를 내민

국보 195호 목항아리.
경주 계림로 30호분 출토. 5-6세기. 국립경주박물관.

사랑 장면 조각.
국보 195호 목항아리. 경주 계림로 30호분 출토. 5-6세기. 국립경주박물관.

채 엎드린 국보 195호의 실체다. 계림로 고분의 연대를 5-6세기로 치면 1천 500여 년 전 로맨스 예술에 이국적인 신라의 사회상이 고스란히 묻어난다. 소박하면서 솔직한 애정 표현에 현실을 즐기던 풍속도가 읽힌다.

성애조각 드문 중국 박물관

중국 박물관을 두루 다녀 봤지만, 사랑 행위 유물을 만나기는 쉽지 않다. 그런 가운데, 한반도와 가까운 산둥성 성도 지난의 산둥성박물관에 특이한 유물 한 점이 눈길을 끈다. 남녀가 마주앉은 포즈의 청동 조각인데, 자세한 유물 설명이 없어 내막을 알기는 어렵다. 남자는 손을 아랫도리로 향하며 상징을 곧추 세워 여성을 응시한다. 여성 역시 손을 아랫도리로 향하고 남성을 바라본다. 특이한 점은 남자가 고깔모자를 쓴 점이다. 전통 중국인이 아닐 수도 있음을 암시한다. 고깔모자는 서역인들이 쓰고 들어온 모습으로

남녀 사랑행위 조각.
지난 산둥성박물관.

조각에 주로 남는다. 중국에서 자체적으로 제작된 것인지, 전래된 물품인지 역시 불분명해 보인다.

인도 카주라호의 지구상 가장 야한 야외 성애조각

  인도로 넘어가면 노골적인 남녀의 사랑행위 묘사가 격을 달리한다. 단수가 높아진다고 할까? 인도 수도 뉴델리에서 남쪽으로 타지마할을 지나 더 내려가면 카주라호가 나온다. 9~10세기 무렵 그러니까 신라에서 삼대목 속에 야한 내용의 향가가 유행하던 시기 만들어진 힌두교 사원들이 한적한 숲속 전원도시를 세계적인 관광명소로 만들어준다.

  사원을 장식하는 거대한 탑들은 현란한 조각술을 선보이는 수많은 인간 군상을 조각해 놓았는데, 이 가운데 남녀의 사랑을 묘사한 조각이 다수 포함됐다. 인도유럽어족이 북인도 지방으로 들어와 사용하던 언어가 산스크

카주라호 서신전.
9-10세기.

남여 사랑행위 조각.
9-10세기. 카주라호 서신전.

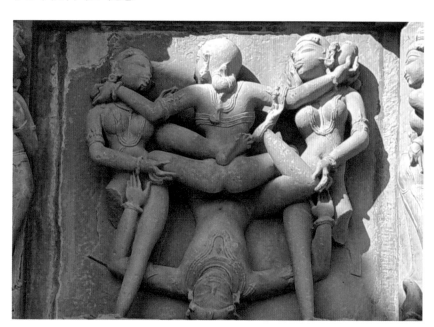

1명의 남자와 3명의 여성이 펼치는 기예.
9-10세기 카주라호 서신전.

리트어다. 산스크리트어로 '미투나'는 남녀 한 쌍을 가리킨다. 기원전 3세기 산치의 대탑에 등장하는 초기 미투나는 야하지 않다. 그냥 남녀일 뿐, 그러다 점차 손잡고 포옹하더니 마침내 카주라호의 힌두교 사원에서는 다양한 체위의 사랑행위 조각으로 진화한다. 전 세계 어디서도 볼 수 없는 관능미 가득한 조각예술의 세계에 인도예술의 새로운 면모가 묻어난다.

조각과 모자이크로 그린 그리스 신화 속 성애 이야기

인도에서 기수를 북으로 돌려 인도유럽어족이 들어온 반대경로를 따라 올라가보자. 기마문화의 발상지인 우크라이나와 카자흐스탄 접경의 대초원지대를 무대로 동서를 오간 기마민족 스키타이의 터전이다. 지금까지 발굴된 스키타이 예술품에는 남녀 애정행위 묘사를 찾아볼 수 없다. 기원전 3세기 스키타이를 멸망시킨 사르마트인들이 남긴 유물을 스키타이 유물과 함께 우크라이나 수도 키예프의 라브라보물관에서 만날 수 있다. 남녀가 포옹하는 모습을 담은 황금팔찌는 진주, 황수정, 황동석으로 화려하게 장식됐다. 초원의 세련된 황금예술 수준을 잘 보여준다.

우크라이나 남부로 흑해를 향해 삐죽이 내민 형상의 크림반도로 가보자. 1945년 2월 크림반도의 얄타에서 미영소 3국 정상회담이 열려 조선의 독립을 결정했으니, 우리민족의 운명을 가른 장소라 해도 지나친 표현은 아니다. 크림반도는 러시아 영토였다가 1954년 우크라이나로 합병됐다. 당시에는 우크라이나 자체가 소련 연방의 일원이어서 문제가 생기지는 않았다.

1991년 소련 해체 뒤 우크라이나가 독립하면서 갈등이 생겼다. 2014년 주민투표로 러시아 합병이 결정되자, 푸틴 대통령은 이를 근거로 크림반도를 러시아 영토로 합쳤다. 크림반도 북동부 케르치는 흑해와 북쪽 아조프해를 연결하는 중심도시로 이미 기원전 7세기경부터 그리스인들이 이주해

포옹하는 에로스와 프시케 조각.
기원전 2세기. 케르치박물관.

아프로디테와 판.
아테네고고학박물관.

개척한 곳이다. 스키타이, 그리스 문화가 겹치는 이곳 케르치박물관에서 그리스 사랑의 신 에로스가 아내 프시케와 격하게 포옹하는 조각을 만날 수 있다.

이제 그리스 문명의 중심지 아테네로 무대를 옮겨 보자. 아테네고고학박물관에는 그리스 고전기와 헬레니즘 시기는 물론 로마시대 조각들이 그리스 로마예술의 정수를 선보인다. 로마인들은 그리스의 조각술을 그대로 모방해 복제한 수준이었으니, 사실상 그리스 조각예술이라고 보는 게 타당하다. 아테네고고학박물관에서 고대 그리스 신화를 기반으로 남녀의 사랑행위와 관련해 해학적인 조각 한 점이 눈길을 끈다. 사람 실물 크기의 조각은 미의 여신 아프로디테에게 지속적으로 구애하는 정욕의 화신 판의 모습이 나온다. 판은 흉한 얼굴에 염소다리를 가졌다. 헤르메스나 아레스 같은 미남신이나 아도니스 같은 미남 인간만 골라 만나는 아프로디테 눈에 판이 들어올 리 없다. 그런데도 판이 자신의 왼팔을 붙잡으며 치근덕거리자 아프로디테가 오른손으로 슬리퍼를 벗어 판을 때리는 장면이 웃음을 자아낸다. 아프로디테의 아들 에로스도 엄마를 거들며 판의 머리에 난 뿔을 밀치는 모습은 웃음을 배가시킨다.

스파르타 왕비 레다, 백조로 변한 제우스와 정 통해 헬레네 낳아

외신을 타며 관심을 모은 폼페이의 '레다'와 '백조(제우스)'가 나눈 관능적인 사랑 이야기를 풀어보자. 79년 베수비오 화산 폭발로 한 순간에 화산재 더미에 묻힌 폼페이. 1748년부터 본격 발굴에 들어간 폼페이는 75% 발굴을 끝내고 아직도 나머지 25%를 발굴하는 중이다. 그 과정에 도시저택 도무스 Domus 벽을 장식하는 레다와 백조 프레스코 벽화가 발굴된 거다. 로마인들은 건물 바닥에 질척거림을 방지하면서도 예술적 취향을 살리는 대리석이나 도자기 조각으로 모자이크를 깔았고, 벽에는 프레스코 그림을 그렸다. 모자이크나 벽화의 주요 모티프는 그리스 신화나 일상생활이었다.

스파르타 왕 틴다레오스의 아내 레다의 사랑 이야기는 자주 활용하던 소재다. 레다가 누구인지 몰라도 이 인물의 엄마라면 '아하' 고개를 끄덕인다. 고대 서양사회 최고 미인이라는 스파르타 왕비 헬레네. 트로이 왕자 파리스와 애정행각으로 트로이 전쟁의 도화선이 된 헬레네의 엄마가 레다이다.

그리스 신화 최고신 제우스는 우리네 신들처럼 점잖은 캐릭터가 아니다. 아름다운 여인만 보면 달려드는 '팔난봉'에 가까웠다. 사냥꾼에 쫓기는 백조로 변신해 연못가의 레다에게 다가간다. 이를 불쌍히 여긴 레다가 품안에 숨겨주자 본색을 드러내 정을 통한다. 여기서 태어난 3남매가 헬레네, 그리고 카스토르와 폴룩스 형제다. 이 장면은 고대 그리스로마를 탐구하던 레오나르도 다빈치나 미켈란젤로 등이 르네상스 예술로도 되살려 냈다.

'레다와 백조' 모자이크

 '레다와 백조' 모자이크가 있는 지중해 섬나라 키프로스로 가보자. 오랜 그리스 문명지 키프로스 섬은 우리처럼 남과 북으로 갈렸다. 남쪽이자 키프로스라는 나라 이름을 가진 곳은 그리스 문명권이다. 북쪽은 16세기 오스만 터키 지배이후 터키인들이 들어왔고, 1974년 터키군의 침공 이후 북키프로스 터키공화국으로 불린다. 주요 그리스 로마 유적지는 남쪽 키프로

레다와 백조 로마 모자이크.
키프로스 출토. 복제품. 런던 대영박물관.

스에 몰렸다. 미의 여신 아프로디테의 고향으로 알려진 키프로스는 '아프로디테의 섬'이라는 마케팅으로 관광객을 불러 모은다. 수도 니코지아국립박물관은 그리스 로마 시절 예술품을 모아 전시중인데, 명품중의 명품으로 꼽히는 로마유물이 '레다와 백조' 모자이크다. 로마여인들이 착용하던 브래지어 '스트로피움'을 차고, 이미 다 흘러내린 옷을 양손으로 붙잡으며 뒤를 바라보는 레다의 관능미가 시선을 사로잡는다.

레다의 오똑한 콧날 위 순수한 시선이 향하는 곳을 보자. 레다의 요염한 몸매를 훔쳐보는 백조(제우스)의 능글맞은 눈길과 마주치며 절묘한 대조를 이룬다. 고대 모자이크 예술가의 탁월한 표현력에 새삼 혀를 내두른다. 하지만, 이 멋진 예술품을 사진에 담는 것은 불가능하다. 니코지아국립박물관은 엄격한 촬영금지다. 이런 아쉬움을 키프로스에 대규모 군사기지를 보유하고 있는 영국인들도 느낀 게 틀림없다. 런던 대영박물관 키프로스 유물실에 사진을 전시해 진품 대신 감상할 뜻밖의 기회를 주니 말이다.

방치된 에게해 코스 섬 '에우로파와 황소(제우스)' 모자이크

로마인들이 모자이크나 프레스코에 즐겨 사용하던 또 다른 소재를 찾아 지중해 북동부 에게해로 가보자. 행선지는 코스 섬. 그리스 영토지만, 터키 본토의 고대 유적도시 보드룸Bodrum(구 할리카르나소스, 헬레니즘 시대 7대 불가사의의 하나인 마우솔레움이 있던 곳)이 육안으로 바라다 보인다. 코스 섬은 몰라도 이 사람의 고향이라면 대부분 고개를 끄덕인다. 요즘도 전 세계 의사들이 맹세하는 '히포크라테스 선서'의 고대 그리스 명의, 서양의 화타華陀, 히포크라테스의 고향이다. 히포크라테스가 제자들을 가르치던 장소에 심은 거대한 고목이 2400년 세월을 웅변해 주는 듯하다. '인생은 짧고, 예술(의학기술)은 길다'는 그의 명언을 되새기며 섬 한복판에 방치된 로마 저택

에우로파와 황소 로마 모자이크.
오른쪽은 동네 견공들이 실례해 놓은 흔적.
에게해 코스.

침실 터로 발길을 돌린다.

'에우로파와 황소' 모자이크가 송아지만한 동네 견공들이 저지른 만행의 흔적을 뒤집어 쓴 채 훼손돼 간다. 2천 년 전 유물을 이렇게 관리하다니…. 놀라움은 이내 실오라기 하나 걸치지 않은 나신裸身의 에우로파가 황소를 부둥켜안고 매달린 자태에 묻히고 만다.

에우로파는 오늘날 레바논 땅 페니키아 도시국가 티레의 공주다. 에우로파의 미모를 눈여겨 본 제우스가 멋진 황소로 변해 에우로파가 노닐던 초원에 나타난다. 에우로파가 다가오자 황소가 에우로파를 보쌈해 날아간 곳이 그리스 크레타 섬이다. 여기서, 미노스(미노타우로스 신화의 크레타 왕)를 비롯한 3형제를 낳는다. 라틴어를 비롯한 유럽 각국 언어로 유럽을 뜻하는 에우로파, 영어 유럽Europe의 기원이 바로 페니키아 공주 에우로파다. 에우로파 납치사건은 페니키아 알파벳을 비롯해 페니키아인들의 선진 문화가 당시 후진사회이던 그리스를 비롯해 유럽사회로 전파된 사실을 담은 신화적 대유다.

침실 바닥 모자이크 속 로마시대 정사장면

카르페 디엠CARPE DIEM(오늘을 잡아라)의 현실을 즐기는 문화는 단연 고대 로마다. 국보 195호 목항아리 속 정사장면과 비슷한 포즈의 로마 유물이 여럿이지만, 상대적으로 점잖은 로맨스 예술을 찾아 지중해 시칠리아 섬으로

침실 정사 모자이크.
로마시대 4세기. 시칠리아 피아짜 아르메리나 카살레 빌라 전시관.

가보자. 피아짜 아르메리나Piazza Armerina의 4세기 로마 저택 카살레 빌라
Casale villa의 부부침실로 들어가면 바닥 전체가 모자이크로 덮였다. 로마인
들은 실내 장식 때 장소별로 분위기에 맞는 소재를 골랐다. 식당 바닥 모자
이크는 생선, 버섯 같은 음식물이 풍미를 더했다. 침실은 남녀사랑 모자이
크가 뜨겁게 달궜다.

완벽한 보존 상태를 자랑하는 카살레 빌라 침실 모자이크는 가장 전형적
이다. 반라의 여인이 뒤태를 뽐내며 남자를 껴안는다. 오른손을 들어 남자
의 얼굴을 자신의 얼굴로 당기는 포즈다. 풍만한 엉덩이는 그대로 드러났
고, 상반신은 스트로피움이라 부르는 로마시대 여인 브래지어차림이다. 남
자는 왼손에 그릇을 들고, 오른손으로 힘차게 여인을 안는다. 콧등을 마주
대고 서로를 바라보는 둘의 눈빛은 이미 상대를 향한 갈망으로 불타올랐

다. 부부침실 장식이라 해도 놀라운 당시 풍속도다.

나폴리국립박물관… 폼페이 출토 성애 예술품의 보고

　폼페이는 로마문명을 간직한 살아있는 백과사전이다. 79년 베수비오 화산폭발로 매몰됐다 고스란히 발굴됐으니, 2천 년 전 로마문명의 숨결이 오롯이 되살아난 거다. 폼페이 호화 저택 벽을 장식하던 프레스코 그림, 바닥을 장식하던 모자이크, 실내를 장식하던 조각들도 당시 모습 그대로 살아남아 로마인의 생활상을 전해준다. 현대의 개방적인 세태와 비교해도 믿기지 않을 만큼 놀랍다. 오히려 현대보다 더 관능적인 다양한 형태의 성애묘사 작품에 일상이 고스란히 묻어난다. 폼페이 유적지에도 다수 남아 있지만, 대부분은 나폴리국립박물관에 보관 전시중이다. 박물관 2층은 폼페이에서

마에나드와 사티로스의 정사 모자이크.
로마시대 1세기. 폼페이 출토. 나폴리국립박물관.

판이 암염소와 정사를 나누는 조각.
로마시대 1세기. 폼페이 출토. 나폴리국립박물관.

출토한 성애관련 프레스코, 모자이
크, 조각으로 특별전시실을 운영한
다. 믿기지 않을 만큼 야한 실상을
음미해 볼 값진 기회다.

　거대한 남근을 다산과 번영을 상
징하는 부적으로 활용한 측면이 있
어, 남성 상징을 활용한 다양한 형
태의 조각들이 지중해 전역 로마
제국관할지에서 출토된다. 이 가운

여성이 남성의 상징을 말처럼 올라탄 조각.
로마시대. 스페인 출토. 바르셀로나고고학박
물관.

데, 스페인 바르셀로나고고학박물관에 전시중인 남성 상징조각은 미적 감
각이나 기발한 발상이 돋보인다. 남성의 상징을 말처럼 표현하고 관능적인
알몸의 여인이 마치 말을 타듯 남성 상징 위에 올라탄 일견 해학적인 조각

에서 로마인들의 일상 속 성 관념과 표현 방법에 새삼 혀를 내두른다.

신석기시대부터 내려온 사랑행위 묘사 조각

성애조각은 어디에서 왔을까. 기원을 찾기 위해 무대를 터키 수도 앙카라의 아나톨리아문명박물관으로 옮겨보자. 여성과 남성이 엉킨 소박한 형태의 이 조각은 터키 차탈회윅에서 출토됐다. 기원전 5천년 대로 추정된다. 하킬라르에서 출토된 조각도 남성과 여성이 엉킨 모습을 담는다. 이시기는 풍요와 다산을 상징하는 비너스 즉 풍만한 몸매의 지모신 조각을 주로 빚던 조각문화 초기다. 대지의 여신을 담은 지모신 조각을 넘어 생명 잉태라는 측면에서 남성과 여성의 결합을 다루는데 풍요와 다산을 비는 주술적 의미를 담았다고 볼 수 있겠다.

남성과 여성의 결합.
터키 하킬라르 출토. 기원전 5천년 경. 앙카라 아나톨리아문명박물관.

3. 유흥 거리에 광고판 조각해 안내한 로마의 유흥업소

2020년 9월 4일 외신은 독일 최대 매춘기업인 쾰른의 파샤Pascha가 문을 닫았다는 소식을 전했다. 코비드COVID-19로 독일정부가 코로나 확산을 막기 위해 2주 단위로 내리며 연장하는 매춘금지조치가 풀리지 않으면서 경영난을 이겨내지 못했다는 이유다. 120여 명의 매춘부와 60여 명의 요리사, 미용사 등이 하루 1000여 명의 고객을 상대하던 50년 역사의 기업이 법원에 파산신고했다는 내용을 접하며 로마를 떠올린다.

미국의 시인이자 소설가인 애드가 앨런 포는 1845년 '헬레네에게To Helen' 라는 제목의 3연으로 된 개작시 2연에서 "영광은 그리스의 것이요, 위대함은 로마의 것"이라고 읊조린다. 어느 문명권도 따라잡을 수 없는 '위대한(?)' 로마의 성매매 풍속도를 들여다본다.

"암컷 늑대들의 매춘이 성행했다"

> "부인은 남편을 하녀들 뒤를 쫓아다니는 난봉꾼이라 부르는데, 그녀
> 도 가마꾼들 뒤를 날마다 쫓아다니네."

프랑스의 로마 사학자 제롬 카르코피노가 쓴 『고대 로마의 일상생활Rome a l'apogee de l'Empire: la vie quotidienne』(우물이 있는 집, 류재화 옮김, 2003) 209쪽에 나오는 글귀다. 남녀 가릴 것 없이 향락에 빠진 로마의 일상을 떠올려 준

다. 제롬 카르코피노는 이어서 다음과 같은 대목을 덧붙인다.

"묘지 뒤편 고샅길 마다 '암컷 늑대'들의 매춘이 성행했다."

마을 골목에서 여인들 매춘이 흔했다는 얘기다.

황후도 매춘부로 나섰던 로마의 유흥문화

『로마제국 쇠망사The History of the Decline and Fall of the Roman Empire』(1776~
1788년, 총 6권)를 쓴 영국의 에드워드 기번은 로마의 4대 클라우디우스 황제
(재위 41~54년)를 치켜세운다. 클라우디우스는 소아마비를 앓고, 음주벽에
기이한 행동을 일삼았다. 하지만 조카인 칼리굴라 황제가 암살된 뒤, 뜻하
지 않게 쉰 살 늦깎이로 황제 자리에 오른다. 클라우디우스는 한국판 흥선 대원군이었다. 치열한 권력 다툼의 세계에서는 파락호로 천하게 굴어 권력자를 안심시키는 것이 보신의 상책이다. 클라우디우스는 권력을 잡자마자 산적한 난제들을 해결하며 브리타니아(영국)를 정복해 속주로 삼는다. 하지만 이 유능한 황제가 해결하지 못한 난제가 있었으니…

클라우디우스.
로마의 4대 황제로 영국을 정복해 속주로 삼는 능력을 보였지만, 황후문제로 골머리를 앓았다. 루브르 박물관.

황제가 되던 해 들인 손녀 뻘 16살짜리 황후 메살리나의 바람기다.

메살리나는 클라우디우스의 아들 브리타니쿠스와 딸 옥타비아를 낳는다. 여기까지는 좋았는데, 넘쳐나는 욕정을 주체할 길이 없었다. 50대 후반의 황제에게 만족하기는 어려웠던 모양. 욕정을 이기지 못하고 이런 저런 염문을 뿌리는데, 그것도 모자라 특단의 욕구해소대책을 찾는다. 그게… 무엇일까? 제롬 카르코피노가 언급한 '고샅길 암컷 늑대'가 되는 거였다. 밤이면 거리로 나와 난봉꾼들을 만나는데, 글쎄 육체노동에 종사하는 거친 남자들만 받

메살리나.
클라우디우스 황제의 황후로 넘치는 욕정을 주체하지 못해 거리로 나갔다. 루브르박물관.

았다고 한다. 황후의 목적은 화대가 아니었으니, 강한 자극만을 찾았던 거다. 점점 더 강한 맛을 찾아 폐인이 되는 마약처럼 말이다. 결국 메살리나는 황제를 두고 다른 남자와 결혼을 했다가 27살에 죽임을 당하고 만다.

화산재 아래 묻혔던 폼페이, 유흥 풍속도 고스란히 간직

전성기 때 인구 100만 명을 넘던 제국 심장부 로마는 오늘날 당시의 모습을 찾기 어렵다. 전차 경주장 히포드롬이나 원형경기장 콜로세움, 황실 묘지이던 산탄젤로 같은 초대형 유적과 공공생활(정치와 종교)의 중심지 포럼만 남아 있을 뿐이다. 나머지 민간 구역은 땅에 묻혔다. 매춘문화를 정치와 종교 중심지에서 찾을 수는 없는 노릇이다. 하지만, 실망할 것 없다. 폼페이에서 답이 기다린다. 79년 베수비오 화산 대폭발 때 쏟아져 나온 엄청난 양

폼페이 포럼 바실리카.
폼페이가 79년 화산재로 매몰되기 전 법정

의 화산재와 돌덩이에 5-10m 높이로 묻힌 폼페이는 흔적도 없이 땅 아래로 사라진 채 1700여년 세월이 흐른다.

나폴리 왕국을 지배하던 프랑스 부르봉 왕실은 운하를 건설하다 우연히 묻혀 있던 폼페이의 정확한 위치를 찾아냈다. 그리고 1748년 폼페이 발굴의 첫 삽을 뜬다. 약탈에 가까운 또 한 번의 파괴 속에 발굴된 유물 상당수가 프랑스로 옮겨졌다. 오늘날 루브르에 폼페이 유물들이 다수 전시된 이유다. 발굴의 역사가 300년 가깝지만, 폼페이 면적의 75% 가량만 발굴된 상태고, 아직도 발굴은 현재진행형이다. 폼페이는 로마 같은 거대도시가 아니고, 항구를 가진 시골전원도시였다. 인구 1만 5천여 명으로 크지 않았지만, 휴양도시인 만큼 각종 유흥시설도 갖춰졌을까?

대로변에 설치된 '남근 내비게이션'

방학이면 폼페이는 한국 단체관광객들로 북적인다. 필자의 경험으로는 폼페이를 구석구석 충분히 음미하려면 아무리 서둘러도 하루가 걸린다. 하지만, 단체관광은 대개 2시간여 핵심 유적만 돌다 나온다. 바쁜 패키지 일정이라는 게 다 그러니 어쩔 수 없지만, 아쉬움이 크다. 폼페이 성매매 업소는 2군데다. 하나는 성문 입구에 붙어 있고, 다른

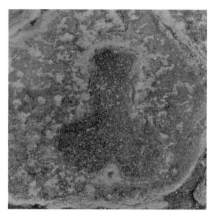

바닥 광고.
폼페이 성매매 업소의 위치를 알려주는 조각.
도로 위에 새겼다.

하나는 시내 한복판 뒷골목에 자리한다. 시내 중심가 성매매업소를 어떻게 찾을 수 있을까?

단체관광이야 가이드가 데려가지만, 개인관광객은? 역시 문제없다. 시계바늘을 2천 년 전으로 돌려도 큰 어려움을 겪지 않는다. 로마는 자본주의가 고도로 발달한 사회다. 돈 버는 일이라면 다양한 아이디어가 허용됐고, 도덕적 잣대는 뒷전으로 밀렸다. 왜일까? 정부는 세금을 거둬 재정을 불렸기 때문이다. 폼페이 성매매 업소는 공창公娼은 아니지만, 정식으로 세금 내는 업소였다. 로마 도시는 시민들이 모여 공적인 일도 보고, 물건을 사고파는 공공장소 포럼을 중심으로 돌아간다. 폼페이도 마찬가지다. 포럼 옆으로 가장 번화한 도로가 나 있고, 매매업소는 인도에 간판을 달았다. 어떻게? 남근을 커다랗게 바닥에 새겼다. 남근 앞쪽이 가리키는 곳에 업소와 여인들이 기다린다. 남근 내비게이션인 셈이다.

업소 입구에 생식의 신 프리아포스의 거대한 남근

　골목을 찾아 들어가면 이층 발코니가 툭 삐져나온 업소에 이른다. 눈에
확 띈다. 전 세계에서 온 관광객들로 꽉 차있는 경우가 많다. 시간대를 잘못
맞추면 한참을 기다리다 떠밀리듯 보고 나온다. 로마 시절에도 이렇게 성
황을 이뤘을지 궁금하지만 그런 기록은 없다. 입구에 특이한 그림 한 점이
걸렸다. 거대한 남근을 뻗치고 선 남성. 그리스 신화에서 풍요와 생식을 상
징하는 신 프리아포스다. 미의 여신이자 유흥업소 종사 여성들의 수호신인
아프로디테가 연인이던 아레스, 혹은 가끔 바람피우는 사이이던 헤르메스
와 관계해 낳은 아들이란다. 풍년 농사는 물론, 자손 번창, 집안 번영을 기
원하며 여염집 대문에 붙이기도 하는 일종의 부적이다. 더구나 성매매업소
이다 보니 이보다 더 적합한 수호신은 없다. 건물로 들어서면 작은 방들이

프리아포스.
생식과 번영을 상징하는 그리스신. 업소 입구에 그렸다.

폼페이 업소 건물.

건물 내부.
작은 방들이 붙어 있다.

다닥다닥 붙었다. 정경이 머릿속에 그려진다. 방에는 돌로 만든 침대가 붙박이로 설치됐다. 침대가 생각보다 작다. 고대인들의 체격이 그리 크지 않았음을 눈치 챈다. 지금은 돌침대이지만 영업 당시에는 푹신한 쿠션을 깔았다.

체위별로 다양한 그림 그려놓고 가격 달리 받아

방으로 들어가기 전 터키의 그리스 로마 도시 안타키아로 가보자. 안타키아 모자이크박물관은 튀니지의 수도 튀니스의 바르도박물관과 함께 지구상에서 가장 아름다운 그리스 로마 모자이크 박물관으로 꼽힌다. 헬레니즘 시대 다프네로 이름 높던 근처 도시에서 출토한 모자이크 걸작들이 1930년대 프랑스 위임통치 시절 지은 허름한 박물관의 품격을 우아하게 높

남자 손님을 유혹하는 여인.
로마 모자이크. 터키 안타키아 모자이크박물관

여준다. 이곳에 전시중인 모자이크 가운데 눈길을 끄는 것은 성매매 업소
에서 일하는 여성이 돈지갑을 든 남성의 손을 잡아끄는 고객 유인 장면이
다. 지갑을 든 남성은 여인 손에 이끌리면서 다소 놀란 듯 두 눈을 크게 뜬
모습이다. 아쉽게도 여인의 얼굴 부분은 훼손돼 보이지 않는다. 화려한 옷
차림으로 앉아 남성의 손을 잡아끄는 팔지 찬 한 여인의 흰 손만 보인다. 가
격을 흥정하거나 유혹하는 표정이 어땠을지 호기심을 자아내지만, 상상에
맡기는 수밖에 없다.

이제 1차 흥정을 마쳤다면 방으로 들어가 보자. 입구는 물론 방 벽에도
음화가 그려졌다. 음화는 다양한 형태의 체위를 보여준다. 로마와 숙적이
던 이란 땅 파르티아 제국에서 들어온 외래 유입 체위도 보인다. 여성이 말
타는 자세로 앞에 앉고 그 뒤에 남자가 눕는 여성상위다. 메소포타미아의

패권을 놓고 치열한 전쟁을 펼치는 중에도 적국의 성문화를 적극 수용했던 로마의 열린(?) 문화관이 이채롭다. 로마의 종교도 그랬다. 페르시아의 종교인 미트라 신앙이나 이집트의 이시스 신앙을 받아들였다. 유대인의 기독교도 이방인의 종교이기는 마찬가지다.

벽에 그려진 체위는 단순히 고객의 취향만 고려한 서비스 차원이 아니다. 그림에 나오는 체위별로 가격을 달리 받았다. 업소에서 일하는 여인들은 천차만별이었다. 나이든 여성, 젊은 여성, 외국인, 내국인에 따라 가격이 달랐다. 폼페이를 환락의 도시로만 여기면 곤란하다. 휴양도시로서 공부와 사색을 즐기는 인물도 살았다. 이탈리아 출신 저널리스트이자 문필가인 인드로 몬타넬리가 1959년 출간한 『벌거벗은 로마사Storia di Roma』(풀빛, 박광순 옮김) 77쪽에는 폼페이에 무려 5000권의 그리스문자와 라틴문자로 된 책을

침대 위에 그려 놓은 그림.
포즈별로 요금을 달리 받았다. 폼페이.

갖춘 저택이 있었다고 적는다. 향락과 학문의 간극이 그리 크지 않아 보인다. 이는 에페소스 업소에서도 그대로 이어진다.

터키 에페소스의 발바닥 무늬 광고 겸 19금 안내판

무대를 터키 최대의 그리스 로마 유적지, 에페소스로 옮겨보자. 2개의 입구 가운데, 항구 유적길 입구로 들어가면 산중턱에 거대한 그리스식 극장부터 보인다. 여기서 중앙 도로를 따라 아름다운 건축양식의 켈수스 도서관까지 걷다보면 도로 중앙에 특이한 안내 광고판을 만난다. 폼페이에서는 남성의 상징을 그려놓았는데 여기서는? 발바닥을 그려 놓았다. 무슨 의미일까? 발 방향으로 가면 성매매업소가 나오는데, 발이 이보다 큰 어른만 입장할 수 있다는 광고 겸 19금 안내판이다. 웃음과 탄성이 절로 나온다.

에페소스 성매매업소는 많이 훼손돼 폼페이처럼 그 실상을 정확히 들여다보기 어렵다. 하지만, 폼페이와는 또 다른 면모를 보여준다. 지식의 보고이자 학문의 전당이던 켈수스 도서관과 길 하나로 마주보고 섰다. 켈수스는 트라야누스 황제시절 에페소스 총독이었는데, 아들이 아버지 납골묘를 겸해 도서관을 지었다.

터키 로마도시 에페소스의 거리 성매매업소 안내조각.
발을 올려보고 크기가 모자라면 미성년자로 갈수 없었다. 에페소스.

도서관에서 공부하다 길을 가로질러 건너편 성매매업소로 갔을까? 그러자면 주변의 이목도 있고… 길 아래로 지하통로를 설치해 체면 구길 일이 없도록 해줬다. 학문과 향락의 간극이 폼페이보다 더 가까워

업소에서 바라본 켈수스 도서관.
에페소스.

진 느낌이다.

모로코 로마도시 볼루빌리스에도 '남근 내비게이션'

북아프리카 서쪽 대서양과 접한 모로코로 가보자. 고대 모로코는 마우레타니아로 불리며 로마의 협력국가였다. 클레오파트라와 안토니우스 사이에서 태어난 딸은 마우레타니아 왕 유바 2세에게 시집갔다. 39년 로마 폭군 칼리굴라는 유바 2세를 처형하고 마우레타니아를 로마 속주로 삼는다. 당시 마우레타니아 수도였고 이후 로마도시로 변한 볼루빌리스에는 지금도 개선문과 성벽을 비롯해 로마시대 유적이 남아 관광객을 불러 모은다. 구릉 산지에 펼쳐진 로마 거리 한복판에 낯익은 유물 하나가 탐방객을 맞는다. 폼페이에서 보던 남근 내비게이션. 폼페이 것보다 더 사실적이고 입체적인 디자인이 웃음을 자아낸다. 성매매업소가 제국 내 곳곳에서 유행했고

성매매업소 안내 광고 조각.
모로코 로마 도시 볼루빌리스.

영업이나 광고방식이 비슷했음을 보여준다. 폭군 네로의 스승이자 금욕주의적 스토아 철학자였지만 돈을 무척 밝혔던 세네카는 로마의 애정관이나 성풍속도를 담은 풍자문구를 남겼다.

"결혼하기 위해 이혼하고, 이혼하기 위해 결혼한다."

4. 미라 저승에서도 이승의 삶을 기원하다

2019년 1월 31일 경상북도 구미시 해평면 안동 고씨 문중 묘를 이장하는 과정에 습의襲衣(장례 때 시신에 입히는 옷)를 입은 상태의 미라가 나왔다. 얼마나 오래 됐을까? 유성룡의 문인으로 임진왜란 때 공을 세우고 이조판서를 지낸 우복 정경세(1563~1633년)가 한지 위에 쓴 글이 나왔으니 400년을 넘지는 않는다. 서라벌문화재연구원 조사에 따르면 주인공은 명종 때 사마시(1549년)와 대과(1561년)에 급제한 뒤, 회덕 현감과 경주부윤 등을 지낸 조선 중기 문신 두곡 고응척(1531~1605년)으로 밝혀졌다. 나무관이 썩지 않도록 석회를 미리 깔고 관을 덮어 마치 시멘트처럼 목관을 밀폐시킨 묘를 회곽묘灰槨墓라 부르는데, 미라가 나온 묘가 회곽묘였다.

500년 된 조선의 미라, 명나라 방식의 회곽묘

조선 중기 이후 양반 지배계층에 회곽묘가 유행했다. 종종 회곽묘 미라 발견사례가 보고된다. 이번에 고응척 선생 뿐 아니라 동생과 조카 내외 4구의 미라가 동시에 발견됐는데, 모두 회곽묘. 회곽묘에서 나온 미라의 경우 단층 촬영을 통해 뱃속 음식물의 종류는 물론 기생충까지 알아낼 수 있다. 현대 과학의 힘이다. 석회로 관을 밀봉하는 회곽묘는 조선의 고유 장묘 양식이 아니다. 조선의 문물에 절대적인 영향을 미친 명나라 시대 산둥성에서 유행한 방법이다. 이런 방법이 조선으로 유입돼 사대부 층에서 명나라 방식을 따른 것으로 보인다. 요즘으로 치면 한국 지배계층이 패션이나 기타 문화스타일을 미국이나 유럽식을 따르는 것과 같다.

미라도 종류가 많다

미라는 크게 5종류로 나뉘는데, 우선 인공적으로 만드는 미라는 시신 자체를 건조처리 하는 ①인공건조미라와 시신은 둔 채 관을 밀봉해 부패를 막는 ②회곽묘 미라의 2종류가 있다. 전자의 대표 격이 고대 이집트 미라이고, 미국 알래스카 알류산 열도, 스페인 남부 카나리아 제도, 남아메리카 칠레 일부에서도 발굴된다. 자연 미라는 중국과 시베리아, 남미에서 발굴되는데 사막이나 고원지대에서 천연으로 건조된 ③자연 건조미라, 매장 시 특이한 조건으로 피부와 살 등 신체 원형이 살아 있을 때 모습 그대로 남아 있는 ④습식미라, 시베리아의 동토에서 얼어붙은 채 건조된 ⑤냉동미라로 나뉜다. 명나라와 조선에서 유행하던 ②회곽묘 미라를 뒤로 하고, 나머지 4가지 미라의 세계로 들어가 보자. 가장 궁금한 것은 역시 살아있을 때 모습 그대로 피부와 장기 신체 크기를 유지하고 있는 ④습식미라다.

한나라 마왕퇴 신추 부인 미라… 지구상 가장 양호한 보존상태

중국 후난성 창사長沙로 가보자. 마오쩌둥의 고향이니 공산화 된 중국의 산실이라고 할까… 백범 김구 선생이 1932년 윤봉길 의사의 홍구 공원 거사 뒤, 임시정부와 함께 피신하며 머물던 소중한 역사문화 유산도 창사에 자리한다. 김구 선생은 이곳에서도 총에 맞아 중국정부의 도움으로 치유되는 불행을 겪었으니, 우리에게는 남다른 사연이 깃든 곳이다. 최근 새로 문을 연 창사 후난성박물관은 미라 탐방에서 빼놓을 수 없는 필수 코스다. 박물관으로 들어가 탐방객들이 많이 움직이는 방향으로 따라가면 굳이 찾으려 애쓰지 않아도 신비의 미라 전시실로 연결된다. 관람객 사이를 비집고 다가서 내려다보면 중년부인이 반듯이 누운 모습으로 인사를 건넨다. 2,100여년 된 미라가 살아 있는 사람 같다. 일명 마왕퇴馬王堆 미라. 고통스럽게 죽은 듯 얼굴표정이 일그러지긴 했지만, 희고 살진 피부는 살아 있는 사람과 다르지 않다. 지금까지 발굴된 전 세계 어느 미라도 견줄 수 없는 놀라움 그 자체다. 마왕퇴 미라의 사연 속으로 들어가 보자.

무덤이 위치한 장소는 창사시 중심가에서 동쪽으로 10여㎞ 떨어진 언덕. 1972년 1월부터 1974년까지 대규모 발굴 작업을 통해 세상에 드러났다. 당초 이곳을 907년 당나라 멸망 이후 960년 송나라가 들어서기 전까지 5대 10국 시대 창사에 들어섰던 초楚나라 왕 마은馬殷의 묘라고 여겼다. 그래서 봉긋하게 솟은 언덕이라는 의미의 퇴堆를 붙여 마왕퇴馬王堆라 불렀다. 하지만, 3개의 봉분으로 구성된 무덤을 발굴한 결과 무덤 주인공은 시대를 1000여년 앞서 기원전 186년 숨진 한나라 초기 제후국 창사국의 승상이던 대후軑侯 이창利蒼과 부인, 그리고 아들의 기원전 2세기 묘로 밝혀졌다. 1972년 가장 먼저 발굴된 것은 이창의 아내인 신추辛追 부인 묘다. 1호묘라고 부른다. 모두 20겹의 비단으로 쌓인 신추부인 시신은 살아 있는 모습그대로였다. 50세 전후로 155㎝ 키에 34㎏이나 나갈 정도로 건조미라와는 비교도 안 될 만큼 보존상태가 좋았다. 피부를 누르면 다시 부풀어 오를 만큼 탄력이 유지됐으니, 세계인이 놀라지 않을 수 없었다.

이렇게 완벽한 상태로 시신이 부패하지 않고 보존됐던 이유를 학자들은 워낙 깊숙이 지하 16m 지점에 매장한 데다 시신과 부장품을 넣은 거대한 목곽 주변을 1차 숯, 2차 흰 진흙으로 덮은 뒤, 흙을 쌓아 목곽 주변 봉토가 사실상 콘크리트처럼 외부 공기를 차단했기 때문으로 풀이했다. 또 시신이 지하에서 오른 습기에 젖어있었지만, 물에 수은성분이 많아 오히려 부패와

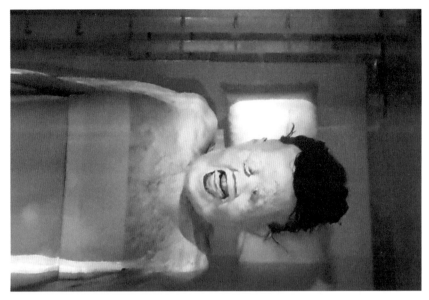

마왕퇴 미라.
한나라 제후국이던 창사국의 승상 이창의 아내인 신추부인. 기원전 2세기. 후난성박물관.

변화를 막아주는 역할을 했다고 본다. 남편 이창의 2호묘는 도굴돼 시신이 훼손됐고, 3호묘에는 30살로 추정되는 아들 이희利豨가 묻혔는데, 부패해서 뼈만 남았다.

누란 미인 미라… 주인공은 북유럽계 백인 여성

무대를 중국 서부 신장위구르자치구의 주도 우르무치로 옮겨 보자. 타클라마칸사막이라는 건조한 타림분지가 드넓게 펼쳐지는 신장위구르자치구는 미라탐방에서 역시 빼놓을 수 없는 미라의 보고다. 우르무치박물관에 가면 마왕퇴 신추부인 미라보다 800여년 뒤 당나라 시대 미라가 맞아준다. 당나라 시기 타림분지에 번영하던 고창국의 장군 장웅(583-633)의 미라다. 허난성 출신 한족 장군이다. 사막의 메마른 기후에 부패하지 않고 자연 건조된 자연건조 미라다. 신추부인처럼 살이 남아 있는 게 아니고, 체액이 북

어처럼 완전히 마른 상태다. 그 옆에는 역시 당나라시대 부부 미라가 전시
돼 있다. 당나라 시기의 이 미라들은 사실 자연건조 미라의 맛보기다. 옆으
로 눈길을 돌려보자. 일명 누란 미인이 기다린다.

1980년 4월 1일 우루무치 남동쪽 누란楼蘭 고성 근처 나포백罗布泊 철판하
铁板河 묘지. 누란은 한나라 시기 오아시스 교역국가로 번성했던 나라다. 위
구르 사회과학원 고고학 연구소팀이 묘지의 바짝 마른 모래 아래서 미라를
발굴했다. 모직물 옷에 둘러싸인 채 가죽털신을 신은 여인이었다. 방사성
탄소동위원소 조사결과 기원전 19세기 여인으로 밝혀졌다. 3800년 된 미라
다. 40살 전후의 키 155㎝인데, 비록 검게 변색됐지만, 전신 피부와 머리카
락이 고스란히 보존돼 있었다. 관심을 모은 점은 앞서 신추부인이나 장웅
장군과 전혀 다른 외모. 당시 언론은 금발의 푸른 눈을 가진 백인 여성이라

누란 미인 미라와 얼굴 복원도.
기원전 19세기. 우르무치박물관.

고 대대적으로 보도했다. 당시 중학교 3학년이던 필자도 신문에서 이를 읽고 언젠가 보러 간다고 다짐하던 기억이 생생하다.

우르무치 위구르박물관 2층 전시실로 옮겨진 미라를 보자. 미라임에도 높은 콧날이 그대로 살아있다. 커다란 눈과 함께 백인 여인이라는 점을 한눈에 알 수 있다. 머리카락은 붉은 색, 북유럽계 특성을 가진 백인으로 밝혀졌다. 복원한 얼굴 사진을 보면 영락없는 북유럽계 여인 얼굴이다. 미인이라는 호사스러운 별칭과 달리 여인은 조사결과 심각한 굶주림과 병마, 혹독한 기후조건에 시달린 것으로 알려졌다.

소하 미인(미소공주) 미라… 신장 타림분지 백인 미라들

신장위구르자치구에서 백인 미라가 처음 발견된 것은 이미 1934년이다. 누란 미인이 발굴된 곳에서 남서쪽으로 200㎞ 지점. 나포백 소하小河 지역. 스웨덴 고고학자 베르그만 팀이 붉은 머리카락의 백인 여성 미라를 발굴했

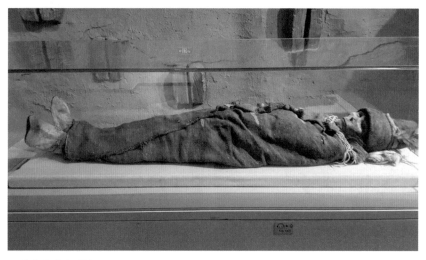

소하미인 미라 전신.
기원전 19~기원전 15세기. 우르무치박물관

다. 소하 미인, 혹은 미소공주라 불린다. 이곳에서는 여러 미라가 출토됐는데, 중국 길림대학 연구팀이 DNA를 분석한 결과 부계는 켈트와 스칸디나비아 반도 계통, 모계는 남부 시베리아 계열과 유사하다는 결과가 나왔다. 시기는 기원전 19세기에서 기원전 15세기 사이다. 결국, 이 무렵 중국 서부 지역은 백인들 그것도 이란계열의 서남아시아 백인이 아니라 북유럽 계열 백인들이 살던 터전이었다.

타클라마칸사막의 타림분지 남쪽에서도 백인 미라가 다수 발굴됐다. 물론 모두 극도로 건조한 사막 기후에 자연 건조된 천연 미라들이다. 타림분지 남쪽으로 한나라 때 선선국으로 불리던 찰곤노극 저말且末 지역에서 나온 기원전 8세기 경 백인 여인 미라 역시 붉은 머리가 풍성하게 남아 있다. 이곳에서는 동시대의 남성 뿐 아니라, 어린 아이 미라도 발굴돼 전시중이다. 어린아이 미라는 나포백 고묘구古墓泃 지구에서도 발굴됐다.

인공제작 미라가 출토된 알타이 파지리크 고분

러시아 상트페테르부르크 에르미타주박물관으로 가보자. 시베리아 알타이공화국에서 출토한 유물들이 기다린다. 시베리아라고 해서 너무 먼 곳으로 생각할 필요는 없다. 몽골과 중국, 카자흐스탄, 러시아가 만나는 알타이산맥 북쪽 지역이 알타이공화국이다. 4계절이 있기는 하지만, 땅 밑은 얼어붙은 영구 동결층에 가깝다. 알타이공화국에서도 몽골은 물론 중국 신장위구르자치구와 인접한 남쪽 파지리크Pazyryk의 기원전 4~기원전 3세기 무덤들이 흥미를 끈다. 1929년 처음 발굴된 이래 몇 차례 발굴을 통해 인류 문명 교류사, 특히 시베리아와 중앙아시아, 동아시아 고대사의 비밀을 풀어줄 귀중한 유물들을 쏟아냈다.

그중 단연 관심을 모으는 대목이 '미라'다. 에르미타주박물관에 전시중

스키타이 미라 전신.
기원전 4~기원전 3세기 에르미타주박물관.

인 남성 미라는 백인이다. 코가 우뚝 솟았고, 키도 크다. 거대한 적석목곽분에서 출토된 미라 옆에는 각종 마구馬具, 의류 같은 직물이 부장품으로 놓였다. 기마민족이었음을 말해준다. 매장 뒤 바로 물이 스며 꽁꽁 언 상태로 2천 4백여 년 원형대로 보존될 수 있었다. 아시아 땅인데 백인이라면 어느 민족일까? 높은 마차가 같이 나온 점 등으로 러시아 고고학계는 스키타이인으로 본다. 미라도 스키타이인일 것이라는 심증을 굳혀준다. 북어처럼 바짝 마른 미라의 배를 보자. 배의 피부를 꿰맨 흔적이 남았다. 내부 장기를 꺼낸 뒤, 인공적으로 건조시킨 미라라는 것을 말해준다. 그리스 역사가 헤로도토스는 스키타이인들도 미라를 만든다고 기록한다. 스키타이의 미라 제작 풍습은 어디서 유래했을까?

스키타이 미라… 알렉산더 미라의 기원은?

　스키타이와 접촉했던 그리스 문명권의 테살로니키 근처 베르기나로 가보자. 지난 날 아이가이로 불렸던 베르기나는 그리스 마케도니아 왕국의 수도로 필리포스 2세의 무덤이 남아 있다. 1977년 발굴된 무덤에는 화장해서 안치한 필리포스 2세 유골함이 발굴됐다. 호메로스가 기원전 780년 경 쓴 서사시 「일리아드」에는 죽은 아킬레스를 높은 장작더미에 올려놓고 화장하는 모습이 묘사된다. 그리스 문명권의 장례풍습이 화장임을 말해준다. 하지만, 마케도니아를 비롯해 곳곳에서 발굴되는 무덤을 보면 매장풍습도 공존했음을 알 수 있다.

흥미로운 점은 화장했던 필리포스 2세의 아들 알렉산더다. 기원전 333년 터키를 시작으로 이집트, 메소포타미아, 페르시아, 아프가니스탄, 중앙아시아(우즈베키스탄, 타지키스탄, 파키스탄)를 불과 10년 사이 정복한 알렉산더가 기원전 323년 메소포타미아의 역사고도 바빌론에서 숨진다. 아라비아 반도와 북아프리카 원정을 앞두고 심포지온 석상에서 쓰러져 10일 만에 숨을 거둔다. 암살설부터 다양한 설이 도는 알렉산더의 죽음에서 분명한 것은 그의 시신을 마케도니아 전통과 달리 미라로 만든 거다.

정복지 이집트에서 기술자를 불러 미라로 제작한 알렉산더의 시신은 이집트를 차지한 프톨레마이오스 장군이 탈취해 알렉산드리아에 만든 무덤에 안치했다. 미라의 본고장은 이집트였던 거다. 이집트에서 처음 발견되는 미라들은 신장위구르자치구 타림분지의 미라들처럼 사막기후에 자연건조된 미라들이다. 이탈리아 토리노 박물관이나 런던 대영박물관에서 보는 이들 미라는 신장에서 보던 미라와 달리 굴신장, 즉 태아처럼 바짝 엎드려 웅크린 자세다. 이집트에서 인공으로 시신을 건조시켜 미라를 만든 것은 기원전 3000년경이다. 이후 로마시대까지 3000년 넘게 인공건조 미라를 만들었다. 루브르로 가면 붕대로 싼 미라, 대영박물관이나 로마의 바티칸박물관, 나폴리박물관, 국립도쿄박물관으로 가면 미라얼굴도 볼 수 있다.

이집트 미라제작 ① 세신

런던 대영박물관으로 발길을 돌린다. 유럽의 주요 박물관 가운데 유일하게 입장료를 받지 않아 언제가도 마음이 가벼운 대영박물관 2층 이집트 전시실에서 미라가 반겨준다. 기원전 7세기 여성미라다. 이곳만이 아니다. 파리 루브르, 이탈리아 토리노, 나폴리, 바티칸, 상트페테르부르크 에르미타주, 뉴욕 브룩클린, 국립도쿄박물관에 가도 볼 수 있는 미라는 이집트에서 만들어진 거다. 물론 람세스 2세를 비롯해 이름만 대도 잘 아는 이집트 파라오들 미라는 이집트 카이로 박물관에 가면 볼 수 있다. 이집트인들은 미라를 어떻게 만들어 수천 년이 지난 지금도 썩지 않고 남아 있는 걸까.

기원전 3000년경부터 시도된 이집트 미라제작은 초기 시행착오를 거쳐 기원전 25세기 고왕국 시대 절개를 최소화하며 장기를 제거하는 기술이 나와 활기를 띤다. 기원전 5세기 이집트를 탐방한 헤로도토스는 저서 『역사』에 미라 제작 과정을 상세히 소개한다. 이를 바탕으로 런던 대영박물관이 알기 쉽게 요약한 6단계 제작기법을 들여다보자. 먼저, ① 세신洗身. 대중목욕탕에서 많이 보던 문구다. 숨이 멎자마자 나일강변에 마련된 장제전葬祭殿(염하고 장례 준비하는 집)으로 옮겨 성스럽게 여긴 나일강물로 시신을 깨끗이 닦는다. 물에는 세척제로 쓰는 나트론Natron(천연 탄산소다)을 섞어 시신에서 때를 벗겨낸다.

이집트 미라제작 ② 장기제거

장기분리가 다음 순서다. 먼저 머리에서 뇌를 꺼낸다. 끝이 스크루처럼 구부러진 쇠막대(탐침)를 코로 넣어 뇌를 끄집어냈다. 이어 왼쪽 옆구리를 살짝 절개해 폐, 간, 위장, 창자를 핀셋으로 집어낸다. 심장은 피만 뺀 뒤 그대로 둔다. 심장에 인생이력이 담겨 있어 나중에 저승에서 심판 받을 때 필요하다고 여긴 탓이다. 장기는 4개의 용기에 담아 부장품으로 미라와 함께 안치했다. 신왕국 18왕조 이후에는 4개 장기 용기의 뚜껑을 호루스의 아들 4명 얼굴로 조각했는데, 사람, 원숭이, 자칼, 매. 현대 유전공학으로 이해하기 어려운 가족구성이지만, 그때는 그랬다.

이집트 미라제작 ③ 건조

다음은 시신 건조다. 장기를 제거한 뱃속 빈자리에 나트론을 가득 채운다. 아울러 전체 시신을 나트론으로 완전히 감싼다. 이렇게 40일을 두면 나트론이 시신에 남아 있던 혈액이나 기타 체액의 때와 악취, 습기를 모두 흡수해 버린다. 체액 배출을 돕기 위해 시신 곳곳에 작은 체액구멍을 뚫어 놓기도 했다. 습기를 없애 부패요인을 제거하는 거다.

이집트 미라제작 ④ 시신 메우기

이어 시신 메우기다. 40일 건조 뒤면 시신은 바짝 마른 북어처럼 많이 쪼그라든다. 이를 원래 살아 있을 때의 크기로 복원시키는 작업이 필요하다. 살아생전 모습에 가장 가깝게 미라를 만들어야 영생을 얻는다는 생각에서다. 두개골에서 뇌를 빼낸 빈자리에 천과 나무기름인 수지樹脂, 그러니까 송진으로 채운다. 그런데 이집트에는 소나무가 없어 송진을 구할 수 없는데 어떻게 할까. 레바논에서 페니키아 상인들로부터 수입한다. 레바논 산맥에는 울창한 삼나무 숲이 있어 가능하다. 가슴과 배의 장기를 들어낸 자리에는 흙, 톱밥, 천을 집어넣었다. 뼈와 가죽만 남은 팔다리에도 피부 밑으로 모래나 진흙, 천을 넣어 살이 있는 것처럼 두툼하게 만들었다.

이집트 미라제작 ⑤ 방부처리

이렇게 시신 메우기 작업이 끝나면 이제 최후로 시신에서 습기를 제거하고 시신이 물에 젖거나 외부 습기에 닿아 썩지 않도록 방부처리를 했다. 향유 바르기다. 가장 좋은 방부방법은 식물성 기름이나 송진을 시신 전체에 골고루 발라 주는 거다. 이렇게 하면 시신에 대한 건조와 방부처리는 마무리된다.

이집트 미라제작 ⑥ 붕대 감기

미라 만들기 6단계는 붕대 감기다. 붕대 감기 역시 6단계로 진행되는데 이때는 신관이 와서 명복을 비는 기도문을 낭독했다. 요즘 영안실로 종교인들이 와 명복을 빌어주는 것과 같은 맥락이다. 아마포 붕대를 감는 방법은 먼저 ① 얼굴 감기다. 아마포를 바닥에 깔고 미라를 놓은 뒤, 왼쪽 옆구리 절개부위를 금속판으로 덮고, 얼굴부터 감는다. 이어 ② 전신감기1. 송진을 바른 붕대로 전신을 감고, 가슴 위에 부적을 올려놓는다. 붕대 끝에 망자의 이름을 적는다. 저승 이름표다. 다음은 ③ 수족 묶기다. 미라의 손과 발이 벌어지지 않도록 두 손을 모아 몸체와 묶고, 양다리도 모아서 묶는다. 허벅지에 놓인 양손에 '사자의 서' 파피루스를 쥐어 준다. 염라대왕인 오시리스 궁정에 무사히 가는 방법이 적혀 있다. 이 파피루스를 '사자의 서Book of the dead' 라고 부른다. 밀림의 왕자 사자가 아니라 죽은 사람의 책이라는 의미다. ④ 전신 감기2 순서다. 흙을 채운 뒤 전신을 하나의 붕대로 감으면 미라는 생전 몸집으로 커진다.

이어 ⑤ 오시리스 모양 수의 입히기다. 저승의 신 오시리스를 그린 수의를 미라에 입힌다. 저승에 가서 오시리스에게 영생의 허락을 얻을 수 있도록 기원하는 의미다. 오시리스 수의를 입히는 대신에 얼굴에 마스크를 씌

우기도 했다. 기원전 1950년 경 중왕국 시대 생긴 풍습이다. 가장 널리 알려진 얼굴 마스크는 투탕카멘 황금 마스크다. 이제 마지막 ⑥ 연어색 붕대 감기다. 송진을 입힌 붕대로 한 번 감고, 붉은 연어 색 붕대로 감아주면 미라 제작은 끝난다. 얼마나 걸렸을까? 건조 40일을 포함해 총 70일가량 걸렸다. 우리네 3일장, 5일장과는 비교도 안되는 장례기간에 이집트인들은 기둥뿌리 흔들려야 했다.

카이로 이집트박물관의 파라오 미라 17구

이렇게 만들어진 미라 탐방의 핵심은 카이로 이집트박물관이다. 신왕국 18, 19, 20왕조 파라오 미라 16구가 영면을 취한다. (1)제2중간기에 힉소스에 맞섰던 세켄엔레 타오(힉소스와 전투에서 두개골 심하게 훼손) (2)아멘호테프 1세(무덤은 발굴 안됨) (3)투트모스 1세 (4)투트모스 2세(조사 결과 심장질환 사

파라오 미라 전시실.
카이로 이집트박물관.

망, 도굴당시 미라 팔과 왼쪽 다리 손상) (5)투트모스 3세 (6)하트셉수트(카터 발굴, 사망 당시 50세, 당뇨와 암), (7)투트모스 4세 8.투탕카멘(룩소르에 전시) (9)세티 1세 (10)람세스 2세 (11)메르네프타(람세스2세 아들) (12)세티 2세 (13)람세스 3세 (14)람세스 4세 (15)람세스 5세 (16)람세스 6세 (17)람세스 9세다.

투탕카멘 외증조부모 미라

카이로 이집트박물관에는 이집트 고대 역사에서 파라오 무덤 가운데 유일하게 거의 도굴되지 않은 채로 발굴된 투탕카멘 유물로 가득하다. 이와 함께, 투탕카멘의 외증조부인 유야, 외증조모인 투야 부부 무덤에서 발굴한 미라를 비롯해 많은 유물을 전시해 당시 이집트인들의 사후세계를 전해준다.

투탕카멘의 외증조모 투야와 외증조부 유야 부부 미라 얼굴 마스크.
기원전 14세기. 카이로 이집트박물관.

투탕카멘 미라 담긴 황금관 무게 110kg, 지구상 최대

1924년 2월 12일. 영국 고고학자 하워드 카터는 투탕카멘(재위 기원전 1334~기원전 1325년) 무덤 현실로 들어간 지 1년 3개월 만에 19명의 명사들이 지켜보는 가운데 12톤짜리 분홍 화강암 관 뚜껑을 들어 올렸다. 순간 실망의 눈빛이 역력했다. 3000년이 훨씬 지나 탈색된 천으로 둘둘 말린 물건이 나왔기 때문이다. 하지만, 천을 풀어내자 모두의 눈이 휘둥그레졌다. 값비싼 원석과 유리로 장식된 길이 2.25m짜리 금박 목관이 나왔다. 그 안에는 더 화려한 2m짜리 금박목관, 그 안에 다시 놀랍게도 순금관이 들어있었다. 전 세계 어느 황금유물과도 비교할 수 없는 기념비적인 황금관은 두께 2~3.5㎝, 길이 1.87m의 순금 관이다. 무게는 110.4kg. 이 엄청난 금관 속에 투탕카멘의 미라가 아마천에 싸여 있었다. 투탕카멘 미라의 길이는 165㎝. 순금관 속 미라는 170여개 부적과 보석, 장신구로 치장됐다.

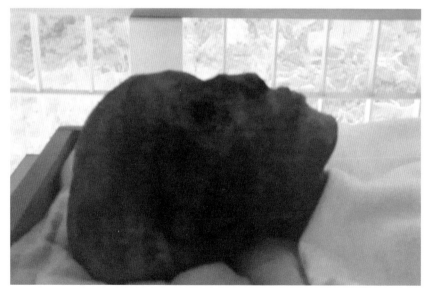

투탕카멘 미라 얼굴.
룩소르 왕가의 계곡 투탕카멘 묘 전시관.

투탕카멘 미라를 담았던 황금관.
카이로 이집트박물관 투탕카멘 전시관.

람세스 2세 미라… 프랑스서 국빈 대접

람세스 2세는 기원전 1212년 재위 67년째 92살에 숨진 것으로 보인다. 무덤은 도굴된 채, 미라만 아버지 세티 1세 것과 함께 기원전 1054년 파라오 미라 은닉처로 옮겨졌다가 1881년 발굴됐다. 카이로 박물관에서 영면중이던 미라가 자꾸 훼손돼, 1976년 파리로 옮겨져 보수조치를 받은 적이 있다. 이때 국빈 대우를 받았다. 파리 샤를 드골 공항에서 외국 공직자로 기록하고, 예포 발사의 예우도 받았다. 죽어 3200년 지나서도 태양왕 대접을 받은 거다. 보수를 마치고 고국 이집트로 다시 돌아올 때는 당시 사다트 대통령이 영접했다. 국가 지도자가 선진국에 가서 신병치료하고 온 느낌이다. 영화 같은 일도 생겼는데, 당시 프랑스에서 람세스 2세의 미라를 검시하던 의사가 글쎄 머리카락을 슬쩍 잘라 보관했다고 한다. 이를 그 아들이 팔겠다고 인터넷에 올렸다가 그만 반환조치 당한다. 현대에 들어서도 미라를 만드는 경우가 있으니… 레닌, 마오쩌둥, 김일성… 공산 독재국가 지도자라

스페인 카나리아 제도 건조미라.
마드리드 고고학박물관.

는 점에서 뒷맛이 개운치 않다.

이렇게 건조된 미라는 스페인 마드리드 고고학박물관으로 가도 만난다. 스페인 남서부 대서양 카나리아 제도의 토착민들이 현대 스페인반도 원주민의 등장 이전, 선사시대 만든 미라다. 사회 지도층으로 추정되는 사람의 미라를 만들어 사람들 손길이 닿기 어려운 곳에 보관했다고 하는데 구체적인 미라 제작 방법에 대한 설명은 없어 아쉬움을 남긴다. 외형으로 봐서는 현대 백인과 다르고 흑인의 모습도 아니다.

5. 고인돌 강화에서 프랑스까지, 유라시아 고인돌의 기원

1866년 10월 병인양요 때 큰 피해를 입은 격전지 김포 문수산성에서 강화대교를 건너면 프랑스 군대가 조선왕실 의궤와 고문서 등을 약탈한 규장각 강화서고가 나온다. 이곳은 원래 고려궁궐지다. 1231년 몽골이 침략해 오자 고려 무신정권의 실력자 최우는 항전을 다짐하고 수도를 개경에서 강화도로 옮긴다. 비록 가까운 거리라도 바다를 건너지 않는 몽골군의 약점을 이용한 전략이었다. 역사의 고장 강화를 논하자면 유네스코 세계문화유산 고인돌支石墓, Dolmen을 빼놓을 수 없다. 고인돌은 우리 청동기 시대를 대표하는 무덤양식이다. 고인돌의 기원을 찾아 탐방을 떠나 보자.

국내에서 가장 큰 탁자식 강화 고인돌

지금은 해인사에 가 있는 유네스코 세계문화유산 팔만대장경이 불심으로 피어난 곳도 강화도 선원사라는 절이다. 1636년 병자호란 당시 강화를 짓밟은 청나라 군대에 맞서던 충신들 사당 충렬사나 1871년 미국의 침략에 맞서 싸웠던 초지진, 그리고 1876년 일본과 강제개항조약을 맺은 연무당도 고인돌에 앞서 강화에서 둘러보면 좋은 유적들이다. 한민족의 비조 단군이 직접 쌓았다는 마니산 참성단은 강화 문화유산의 맏형 격으로 손색없다. 대한민국 역사가 응축된 강화라 불러도 어색하지 않을 만큼 문화재가 풍부하다.

강화도 하점면 부근리 고인돌.
남한 내 가장 큰 탁자식(북방식) 고인돌이다.

　각종 유적이 밀집한 강화읍에서 하점면 부근리로 가보자. 거대한 돌덩이
가 우뚝 솟은 장관에 탐방객 대부분이 놀란다. 남한에서 탁자식(북방식) 고
인돌 가운데 가장 크다. 높이는 2.6m지만, 2개의 받침돌支石(지석) 위에 있
는 덮개돌上石(상석)은 길이 7.1m, 너비 5.5m로 크다. 근처 점골에도 탁자식
고인돌이 자리한다. 덮개돌 길이 4.28m, 너비 3.7m로 조금 작다. 이 두 개
고인돌을 탁자식이라고 부르는데, 탁자식이란 어떤 양식을 가리키는 걸까?
　장소를 내가면 오상리로 옮겨 보자. 부근리에서 봤던 거대한 고인돌과
다른 구조다. 길이 3.7m, 너비 3.35m로 비교적 작은 덮개돌 아래를 보자. 2
개의 받침돌만 있는 게 아니라 막음돌 2개가 받침돌 사이 빈틈을 막아 시신
이나 부장품 훼손을 막는다. 시신과 부장품을 묻지 않고, 덮개돌과 받침돌
사이 빈 공간 즉 땅 위에 안치하는 양식을 탁자식 혹은 북방식 고인돌이라
부른다. 이런 탁자식 고인돌은 강화 근처 인천과 이천, 여주, 광주, 춘천을

강화도 내가면 오상리 고인돌.
덮개돌과 받침돌, 막음돌이 원형대로 남은 탁자식 고인돌의 전형을 보여준다.

비롯해 중부이북 전역에서 고루 남아 고대 고인돌 문화를 전해준다. 현재
유적으로 남은 대부분의 탁자식 고인돌은 막음돌이 훼손돼 뚫린 상태로 보
이지만, 원래는 덮개돌 아래로 4개의 받침돌과 막음돌이 4면을 빙 둘러 설
치됐던 거다. 이제 바둑판(남방)식 고인돌을 보러 전북 고창으로 발길을 돌
린다.

국내에서 가장 큰 바둑판식 고창 고인돌

선운사와 서정주 생가로 이름 높은 전북 고창읍 고창고인돌박물관 앞에
집채만 한 돌덩이가 반긴다. 길이 6.5m, 너비 3.5m, 두께 3.4m, 무게는 무
려 90~150톤이다. 강화에서 보던 탁자식 고인돌의 덮개돌은 평평하고 날렵
했지만, 이곳 덮개돌은 육중함 그 자체다. 차이는 또 있다. 탁자식과 달리 4
개의 낮은 받침돌로 거대한 덮개돌을 고인다. 바둑판식이라고 부르는 이유

다. 남방식이라고도 부르는 바둑판식의 가장 큰 특징은 땅 위에 시신을 놓는 탁자식과 달리 땅을 파고 시신을 묻는다.

　박물관 앞 고창읍 죽림리 매산마을 야외 고인돌 공원으로 발걸음을 옮겨보자. 작은 내를 건너 산 아래로 마치 검은 야생화가 들판 가득 피어난 듯, 미당이 읊었던 거울 앞의 우아한 국화 이미지와는 사뭇 다른 거대한 돌덩이들이 구릉을 채운다. 매산 마을과 아산면 상갑리 동서 1.5㎞ 일대에 바둑판식 고인돌이 무려 447기나 펴졌다.

전 세계에서 한반도에 가장 많은 고인돌

　시신을 땅에 묻는 바둑판식 고인돌은 전남 화순 지방 1천300여 기를 비롯해 호남지방에 다수 남았다. 바둑판식의 경우 한군데 수십 기씩 몰려 있

계산리 고인돌.
바둑판식(일명 남방식)의 전형을 보여준다. 고창고인돌박물관.

는 특징을 보인다. 바둑판식의 변형으로 개석식蓋石式도 있는데, 이는 시신을 땅에 매장하되, 받침돌 없이 바로 덮개돌로 덮는다. 우리민족의 강역인 만주와 한반도. 이 가운데 남한에 남아 있는 고인돌은 탁자식과 바둑판식, 개석식을 합쳐 3만여 기다. 황해도에 집중적으로 남은 것을 포함해 북한의 1만5천여 기를 합치면 한반도에 4만5천여 기다. 권력가의 무덤이라고 보기에는 너무 많다. 일반적인 무덤 형식이었다는 의미다. 기원전 1천년~기원전 1세기 주로 만들어진 고인돌은 우리 고유의 무덤양식인가?

만주의 동아시아 최대 규모 탁자식 고인돌

강화도와 인접한 황해도에 북방식 고인돌이 많지만, 갈수 없으니⋯ 기수를 압록강 넘어 만주로 돌리자. 고구려 5백년 수도이던 국내성 자리. 길

이대자 마을 석붕산의 탁자식 고인돌.
중국 랴오닝성 가이저우시. 동아시아 최대 규모.

림성 지안의 5세기 장군총 뒤편 부속묘가 눈길을 끈다. 돌을 반듯하게 잘라 적석총을 만들었는데, 그 꼭대기는 넓적한 덮개돌을 얹은 탁자식 고인돌형태다. 고인돌에서 계단식 적석총으로 변화되는 과도기 모습으로 추정된다. 무대를 랴오둥반도 가이저우蓋州시로 옮겨보자. 고구려가 당나라 침략을 막아내던 개모성 자리다. 고속철도 가이저우 서西역 앞 공안公安, 경찰이 핸드폰으로 친절하게 인터넷을 뒤져 위치를 알려준 덕에 30㎞ 정도 떨어진 고인돌 위치를 정확히 찾을 수 있었다.

공안이 잡아준 택시로 40분여 달리자 이대자 마을[석붕산石棚山 석붕石棚]이라는 안내 표지에 이른다. 붕棚은 차양이나 오두막, 석붕은 돌로 만든 작은 집이라는 의미다. 석붕산 고인돌은 일단 장엄하다. 덮개돌 길이가 8.6m, 너비는 넓은 쪽 5.7m, 좁은 쪽 5.1m의 사다리꼴로 동아시아에서 탁자식으로는 가장 크다. 화강암을 매끄럽게 연마한 점도 눈에 띈다.

흥미로운 대목은 고인돌을 무속신앙지로 활용하는 점이다. 현장에 간 택시기사도 도착하자마자 고인돌 내부에 설치된 신상神像에 무릎 꿇고 예를 표하는 게 아닌가. 중국에서 고인돌은 이곳 가이저우와 근처 하이청海城을 비롯해 랴오닝성에 분포하고 일부 해안을 따라 남으로 산둥반도와 저장성에서 발견된다. 그러니까 서해, 즉 황해黃海를 둘러싼 한국과 중국 해안지방에 집중적으로 분포했던 무덤양식이다. 중국 한족 문명과는 거리가 멀다.

몽골초원, 중앙아시아 판석묘와 돌무덤

만주에서 발길을 돌려 몽골 울란바토르고고학박물관과 카라코룸박물관, 중앙아시아 카자흐스탄 알마티박물관으로 가면 판석묘Slab Grave로 불리는 진화된 고인돌 형태 무덤 관련 자료를 접할 수 있다. 몽골 수도 울란바토르에서 서부의 초원지대로 400여 ㎞ 더 들어가면 칭기즈 칸이 몽골제국의 수도로 삼았던 카라코룸 폐허 유적이 나온다. 카라코룸박물관에는 몽골초원에서 고대 기원전 13~기원전 6세기 유행했던 고인돌의 일종인 판석묘 사진을 전시중이다. 실물을 보지 못해 아쉽지만, 석판으로 벽을 세우고 덮개돌을 얹은 고인돌 양식의 판석묘가 선사시대 초원지대에서 널리 활용됐음을 보여주는 사례다.

여기서 서쪽으로 더 가면 카자흐스탄 알마티다. 알마티박물관에는 기원전 12~기원전 10세기 중앙아시아 초원지대에서 유행하던 판석묘를 실물은 물론 모형으로 제작, 전시중이다. 키르기스스탄으로 가면 아름다운 담수호 이시쿨 호수변에 천산산맥을 배경으로 촐폰아타가 나온다. 마치 전북 고창의 바둑판식 고인돌군에 탐방 온 느낌을 준다. 비록 불규칙하지만, 거대한 돌덩이들이 드넓게 펼쳐진다. 시대를 달리하는 암각화가 곳곳에 새겨졌다.

키르기스스탄 촐폰아타.
천산산맥을 배경으로 거대한 야외 돌무덤과 암각화가 펼쳐진다.

암각화만이 아니다. 선사시대부터 역사시대까지 무덤으로 활용됐다. 중앙 아시아에서도 거대한 돌덩이를 무덤으로 활용했음을 보여준다.

러시아 흑해연안 크라스노다르 탁자식 고인돌

발길을 서쪽으로 더 옮겨 중앙아시아의 서쪽 끝이자 흑해 동쪽 끝인 러시아 크라스노다르박물관으로 가보자. 강화도 내가면 오상리에서 보던 4방향이 막힌 탁자식 고인돌을 박물관에 전시중이다. 크라스노다르를 중심으로 한 흑해 동부에는 탁자식 고인돌이 널리 산재한다. 이 가운데 가장 규모가 크고 보존상태가 좋은 탁자식 고인돌을 러시아 수도 모스크바역사박물관으로 옮겨 전시중이다. 크렘린 궁전과 붉은 광장이 자리한 심장부에 아름다운 외관의 역사박물관이 우뚝 솟았다.

흑해 크라스노다르 고인돌.
강화 오상리 고인돌과 비슷하다. 기원전 1800~기원전 1500년. 모스크바역사박물관

전시실로 들어가면 이내 눈이 휘둥그레진다. 평평하고 반듯한 사각형의 덮개돌, 그 아래 매끄럽게 다듬은 받침돌의 고인돌이 박물관 2층을 웅장하게 메운다. 고인돌이 무너지지 않도록 받침돌 주위를 빙 둘러 지지해주는 돌, 호석護石도 보인다. 호석은 집안의 장군총과 태왕릉은 물론, 서울 석촌동 백제 계단식 적석총에도 사용됐다. 적석총이 고인돌에서 발전해 나온 것임을 추정해 볼 수 있는 대목이다.

고인돌 내부에서 70여 구의 유골이 쏟아졌다. 공동묘지였던 셈이다. 이 고인돌이 원래 있던 곳은 카자흐스탄과 인접한 흑해 동쪽 연안 크라스노다르. 2007년 대홍수로 유실 위기에 놓이자 안전한 보존을 위해 박물관으로 옮겨왔다. 박물관 측은 제작연대를 기원전 19~기원전 16세기 로 추정한다. 한반도나 만주의 고인돌보다 오래 됐다. 이런 형태의 고인돌은 남으로 중동 요르단에도 남아 있다. 고인돌의 발상지가 흑해나 중동일까?

프랑스 대서양 연안 카르낙… 고인돌 연대는?

프랑스 대서양 연안으로 가보자. 유라시아 대륙 동쪽 끝 한반도에서 시작한 고인돌 여정이 유라시아 대륙 서쪽 끝, 종착역을 향해 간다. 프랑스 땅에서 대서양으로 툭 삐져나온 지방을 브르타뉴Bretagne라고 부른다. 4-5세기 훈(흉노)족에 밀린 게르만족 일파 앵글로족과 색슨족이 대륙에서 바다 건너 영국으로 물밀 듯이 쳐들어 갈 때, 쫓겨난 영국 토박이 켈트족이 거꾸로 바다를 건너 정착한 땅이다. 브리튼Britain인이 들어온 곳이라 브르타뉴라고 부른다. 브르타뉴 서쪽 끝 모르비앙 지역에 카르낙Carnac이라는 아름다운 바닷가 마을이 나온다. 브르타뉴 말로 케레크Kerrec. 돌이 많은 땅이라는 뜻이다. 무슨 돌이 그리 많아 이런 지명이 생겼을까?

고인돌Dolmen. 브르타뉴어로 'Dol'은 탁자, 'Men'은 돌이다. 탁자식 돌이
라는 의미다. 카르낙의 마네 케리오네Mane Kerione 고인돌은 받침돌을 세우
고 덮개돌을 얹은 모습에서 영락없는 강화도 탁자식 고인돌 이미지가 묻어
난다. 차이가 있다면 받침석이 줄지어 길게 늘어서고, 그 위 덮개돌도 길게
이어진 점이다. 마치 지붕 덮인 복도 같다. 그래서 통로 무덤Alle couverte, 영어
Gallery grave이라고도 부른다. 축조 연대가 기원전 3천5백년 경이다. 스페인
지중해 연안 바르셀로나 고고학박물관으로 가면 스페인에 남아 있는 다양
한 형태의 고인돌을 모형으로 전시해 놓았다. 초기 제작연대는 B.C4천5백
년 경부터다. 고인돌은 카르낙과 바르셀로나 즉 프랑스와 스페인의 대서양
연안과 지중해 연안에서 시작돼 동유럽과 흑해, 중동, 중앙아시아, 몽골초
원을 거쳐 만주와 한반도로 퍼져 나간다. 그리고 중동에서 인도와 베트남

마네 케리오네 고인돌.
프랑스 대서양 연안 카르낙. 기원전 3500년.

의 동남아시아로도 내려간다. 우리나라 청동기 시대 대표적인 무덤양식인 고인돌이 프랑스에서 건너 왔다는 사실과 함께 전 세계 고인돌의 절반 가까이 우리나라에 몰려 있는 게 흥미롭다.

카르낙, 신비의 열석… 고대 거석문화의 백미

카르낙을 거석문화의 본고장으로 꼽는 이유는 고인돌 때문만이 아니다. 신비의 열석列石, Alignments이 모두의 탄성을 자아낸다. 길이 4㎞에 걸쳐 무려 3천여 개의 거대한 돌이 줄맞춰 열병식을 치르듯 정렬돼 있다. 유역 면적은 40ha를 넘는다. 크게 메넥Ménec, 케르마리오Kermario, 케를스캉Kerlescan 3개 지구로 나뉜다. 메넥 열석은 100m너비에 11줄, 1천99개의 거석이 1천165m나 뻗어 장관을 이룬다. 케르마리오는 100m 너비에 10줄, 1

케르마리오 고인돌.
마네 케리오네 고인돌에서 3km 정도 떨어진 곳에 자리한다.

스페인 고인돌.
바르셀로나 지역 고인돌 모형. B.C4500. 바르셀로나 고고학박물관.

천29개 거석이 1천200m나 이어진다. 케르마리오 동쪽 케를스캉은 13줄에
555개의 돌이 늘어섰다. 케를스캉의 '마니오 사각형Quadrilatere du Manio'이라
불리는 39개 사각형 돌무리가 관심을 모은다. 천문관측, 달력, 신앙 등의 용
도를 들지만, 정확한 진상을 알려줄 단서는 없다. 이들 열석은 기원전 4천
500년 경으로 거슬러 올라가 지구촌 거석巨石문화의 원조로 인정받는다. 거
석문화는 여기서 바다 건너 영국 스톤헨지, 지중해 몰타, 북아프리카 이집
트로 전파된다. 고인돌을 포함한 거석문화에서 보듯 유무형의 문화는 전파
로 다른 지역에서 새롭게 피어난다.

6. 백인유골 고대 몽골초원, 중국 신장은 백인 터전

 '강원도 정선군으로 발길을 옮긴다. 정선 아리랑의 고장, 한강의 최상류 아우라지로 가보자. 나무를 베 한강에 띄워 한양으로 보내던 정선 아리랑의 고장 아우라지에서 2006년 4기의 고인돌이 발굴됐다. 한반도에 4만5천여 기나 되는 흔한 고인돌 가운데 하나인 정선 아우라지 고인돌이 관심을 끄는 이유가 뜻밖이다. 고인돌 4기 가운데 2호 고인돌에서 완벽한 형태로

정선 아우라지 2호 고인돌 출토 대퇴골.
기원전 970년 경. 정선군청 제공.

출토된 대퇴골의 DNA를 서울대학교 해부학 교실 신동훈 교수팀이 분석한 결과 백인 형질로 나왔다.

정선 아우라지 고인돌에서 서양인 추정 유골 출토

아우라지 유골에 대해 한양대 김병모 명예교수는 2006년 12월 6일자 서울신문을 통해 "개인적으로는 이 인골의 주인공이 인도에서 벼농사 전래 경로를 따라 동남아시아를 거쳐 한반도에 들어왔을 것으로 본다"고 말했다. 김 교수가 "우리말 가운데 400여개 어휘는 인도토착어인 드라비다어에서 유래한다는 연구 결과가 있다. 쌀은 살Sal, 풀은 풀Pul, 벼는 비야Biya, 메뚜기는 메티Metti, 농기구인 가래는 가라이Kalai 등이 그것으로 벼농사 기술과 함께 소개됐을 것"이라고 덧붙였다는 게 서울신문 보도내용이다.

이는 조금 생각해볼 여지를 남긴다. 우선 드라비다족이 백인인지 불분명하다. 인도 땅으로 우리가 아는 인도유럽어족의 백인이 진입한 것은 기원전 17~기원전 16세기다. 말을 타고 페르시아와 아프가니스탄을 거쳐 들어온 것으로 추정된다. 그들의 언어가 산스크리트어다. 오늘날 영어를 비롯한 서양 언어와 같은 뿌리다.

또 하나, 최근의 연구는 벼농사가 북인도 아삼Assam 지방보다 중국 남부 주강 유역이나 양쯔강 유역에서 기원전 4천년대 처음 시작됐다는 결과를 내놓는다. 울산과학기술원UNIST 박종화 교수는 2017년 DNA 분석을 통해 한민족의 남방계 주역은 1만여년 전 유입됐는데, 오늘날 베트남과 대만 고산족이 우리와 가장 닮았다고 발표했다. 물론 그때는 벼농사를 짓기 전이다. 이후 인도나 중국 남방에서 누군가 벼농사를 갖고 한반도로 이주해 왔을 것이지만, 드라비다족에게 농사문화를 배웠을 산스크리트어 구사 백인일 가능성은 낮아 보인다. 정선 아우라지 백인 추정 유골 연대인 기원전

970년경은 몽골초원에서 한반도로 고인돌이 전파되던 시기다. 이점에 주목해 백인의 유입경로를 북방에서 찾는 연구가 적절해 보인다. 그와 관련해 하나의 사례를 더 보자.

제천 황석리 고인돌 백인 유골

궁금증을 안고 국립청주박물관으로 무대를 옮긴다. 1962년 제천 청풍면 황석리에서 발굴된 고인돌 18기의 유물을 이곳에 전시중이다. 청풍면 황석리는 1985년 충주댐이 완공되면서 물에 잠겼다. 지금은 수중도시가 돼 찾을 수 없다. 황석리 13호 고인돌에서 완벽한 형태의 유골이 나왔는데, 경향신문 2003년 6월 30일자 기사를 보자. 당시 유골을 분석한 서울대 의대 나세진 박사팀이 "인골의 신장이 1m74 정도로 두개골과 쇄골 등 모든 부위에

제천 황석리 고인돌 발굴사진.
국립청주박물관 제공.

서 현대 한국인보다 크며 두개골이 단두형인 현대 한국인과 달라 흥미롭다"
는 결론을 내렸다고 보도했다. 174㎝. 요즘 대한민국 남성 평균키로 봐도
크다. 더 관심을 모으는 대목은 두개골이 장두형, 즉 백인이라는 점이다.

같은 날짜 경향신문은 "황석리 인골의 왼쪽 이마가 볼록하고 코가 높으며
얼굴이 길고, 결론적으로 알타이 지방에서 내려온 서양인의 형질을 포함한
사람일 것"이라는 얼굴 전문가 조용진 한서대 교수의 연구결과를 전한다.
인도기원설의 김병모 교수와 달리 알타이 기원설을 제시해 눈길을 끈다.

평창 하리 고인돌 속 160㎝ 장신 여성

국립 강원대학교 박물관으로 가보자. 평창군 하리에서 출토된 고인돌 유
골을 원형대로 복원해 놨다. 유골의 주인공은 여인인데, 갈비뼈 옆에 세형
동검 한 자루가 부러진 채 놓였다. 세형동검은 청동기 시대 권력자나 제사
장의 석곽묘나 고인돌에 부장하는 유물이다. 그렇다면 이 여인은 여성제사

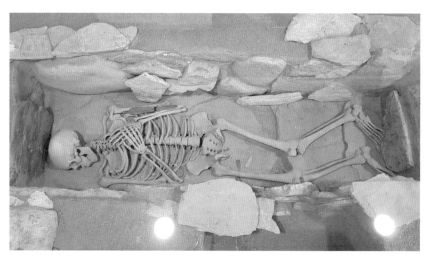

평창 하리 고인돌 발굴 20대 여성.
신장 160.4cm, 비파형동검과 붉은 간토기, 화살촉, 구슬이 함께 출토되었다. 강원대학교박물관.

장이라는 결론이 나온다. 시베리아나 중앙아시아에서 보는 여성 제사장 무덤이 한반도에서도 존재했다는 유력한 증거다.

이 여성 제사장 추정 유골의 콧날은 오똑하고, 두개골은 장두형으로 백인 유형에 가깝다. 무엇보다 키가 160.5㎝다. 여성으로서 지금도 중간이상 키다. 남부지방 가야 무덤에서 출토되는 성인여성 키가 145㎝ 정도인 점을 감안하면 오늘날 한반도의 평균적인 한국인이 아니라는 추정에 힘이 실린다. 정선, 제천, 평창은 충북과 강원도 산간지역으로 서로 통하지 않는 교통의 오지처럼 보이지만, 그렇지 않다. 남한강을 이용하면 서로 가깝고 접근하기 쉽다.

'말'로 보는 문명교류와 흔적

말은 제주로 사람은 서울로'라는 말을 요즘도 심심찮게 쓴다. 사람이든 동물이든 같은 부류가 많은 곳으로 가야 그만큼 제 대접 받는다는 의미다.

기마 수렵도.
고구려 무용총. 지안 고구려 고분벽화 전시실.

한라산 기슭의 이국정인 정취 속 목장에서 뛰노는 말들은 언제부터 제주를 상징하는 걸까? 고려시대 1270년 고려를 정복해 속국으로 삼은 몽골이 일본 침략을 위해 말을 들여와 기르기 시작한 것이 뿌리다. 물론 우리민족 역사에 말이 처음 등장한 것은 그보다 훨씬 더 거슬러 올라간다. 경주 천마총의 천마도나 고구려 무용총의 기마 수렵도는 물론 평양지역에서 출토되는 고조선 시대 마차 유물은 말의 유입연대를 더 올려준다. 우리말 '말'은 중국에서 '마馬'라고 발음하고 쓴다. 비슷하다. 말의 원산지가 중국일까? 아니다. 중국으로 말과 마차가 전파된 시점은 언제일까?

중국 베이징 교외 유리하의 서주 연도유지 박물관이나 허난성 은허 유적지 박물관은 중국으로 말이 끄는 마차가 유입된 시점을 상商나라(은나라) 초기 기원전 16세기라는 설명을 들려준다. 비슷한 시기 인도는 물론 메소포타미아와 이집트 등으로도 전파됐다. 중국인들이 말을 '마馬'라고 부르는 이유는 알타이인들이 그렇게 불렀기 때문이다. 알타이 지역에서는 지금도 말

말이 끌던 마차.
기원전 16~기원전 11세기. 허난성 은허 박물관.

을 우리처럼 '말'이라고 발음한다. '말'대신 '버스'라는 새로운 운송수단이 서양에서 들어와 '버스'라는 이름 그대로 중국과 우리나라에서 불리듯 기원전 16세기에도 그랬다. 문화와 문명은 그렇게 한곳에서 다른 곳으로 움직이고 세월이 흘러도 흔적으로 남는다.

말을 처음 사육하기 시작한 것은 기원전 4000년 경 카자흐스탄과 우크라이나 초원지대다. 카자흐스탄 북동부는 몽골, 중국, 러시아와 국경을 접하는 알타이 산맥지대다. 이곳을 통해 중국으로 말이 유입됐다. 궁금해진다. 고인돌이나 운송수단 '말', 그 '말'을 가리키는 언어 '말'이 국제 특송으로 배달된 게 아니라면 사람과 함께 들어왔을 텐데… 어떤 사람들이 유럽에서 중앙아시아와 몽골초원을 거쳐 한반도로 말과 고인돌 문화를 전해주었을까? 전파의 주역들이 고인돌만 전한 채 돌아가지 않고, 그대로 눌러 살았다면 흔적을 남겼을 게 분명하다.

중국 서부 신장, 몽골 초원, 남시베리아 백인 거주

흥미로운 대목은 알타이 지역 고대 무덤뿐 아니라 인접한 몽골 초원에서 출토되는 고대 유골의 대부분이 백인이란 점이다. 앞서 미라편에서 살펴봤듯이 중국 서부 신장위구르자치구의 타림분지에서 발굴되는 기원전 19세기에서 기원전후의 고대 미라는 대부분 북유럽계열 백인이다. 러시아 상트페테르부르크 에르미타주박물관에 전시중인 남시베리아 알타이공화국의 파지리크 고분에서 출토된 기원전 4~기원전 3세기 미라도 백인이다. 몽골 초원 중심부인 투브 아이막의 훈(흉노)족 무덤에서 출토된 기원전 1~기원후 1세기 카펫에 등장하는 인물은 전형적인 백인의 골격을 보여준다. 신장위구르자치구의 타림분지에 살다 기원전 2세기 간다라(우즈베키스탄, 아프가니스탄, 파키스탄) 지역으로 이주해 쿠샨제국을 세운 월지족 역시 페르시아 계

열의 백인이다. 몽골초원과 신장위
구르자치구, 남시베리아가 흔히 생
각하듯 황인종 지역이 아니라는 사
실을 말해준다.

고인돌 거석문화가 널리 퍼졌던
몽골초원에 황인종이 산 역사는 우
리가 생각하는 것보다 짧다. 1천 여
년 정도다. 12세기말 칭기즈 칸의
몽골족이 몽골 제국을 세우고, 그
전 10세기 거란족이 내몽골 초원을
중심으로 요나라를 일구기 전 8세
기까지 몽골초원의 주역은 위구르
다. 오늘날 중국 서부 신장위구르자

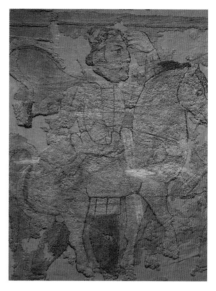

말을 탄 백인.
몽골 훈족 무덤 출토 직물. 몽골 역사문화연구
소 소장. 2018년 국립중앙박물관 특별전.

치구로 영역이 축소된 위구르 족은 백인의 피가 섞인 혼혈민족이다. 위구
르 이전 6~7세기 몽골초원의 주역은 돌궐족, 오늘날 터키인, 백인인 투르크
다. 투르크에 앞선 훈(흉노)은 지금 그 후손이 존재하지 않아 백인여부를 정
확히 알 길은 없다. 하지만, 백인용모를 유물에 남겨 놓는다. 고인돌의 전파
경로에 있던 알타이 지역과 몽골초원 거주자가 대부분 백인이었다는 점.
알타이어족인 한민족의 뿌리와 관련해서 국내 고인돌 출토 백인 추정 유골
에 대한 정밀한 연구가 아쉽다. 하루가 다르게 발전하는 과학기술로 좀 더
완벽한 DNA 분석을 통해 새로운 사실을 밝혀내는 후속연구가 학계의 과제
로 남는다.

7. 차례상 삼한, 페르시아, 이집트… 유물에 담긴 차례문화

"까치 까치설날은 어저께고요. 우리 우리설날은~"

윤극영의 기념비적 동요 [반달(푸른하늘 은하수~), 1924년]에 이어 1927년 발표된 동요다. 까치 설날이 뭘까? 섣달그믐을 가리키는 '아치(작은)설날'에서 변했다는 주장도 있지만, 또 다른 주장에 귀가 솔깃하다. 고려시대 일연이 쓴 『삼국유사』 권1 사금갑射琴匣(거문고 보관소를 쏘다)조를 보자. 신라 21대 비처(소지) 마립간(왕)으로 거슬러 올라간다. 즉위 10년째 488년 왕비 선

한국 상차림.

혜부인이 궁중에 들어온 스님과 눈이 맞았다. 이 일을 까마귀鳥가 안내한 선인으로부터 들은 왕이 통정장소인 거문고 보관소에 활을 쏘게 해 스님을 죽인다.

이후 정초에 근신하는 '달도怛忉' 풍습이 생기고, 까마귀에 전하는 고마운 마음이 까치로 옮겨져 까치설날이 됐다는 거다. 곱디고운 노랫말에 왕실 치정사건이 얽혔다니… 세뱃돈의 아련한 추억을 떠올리며 설과 추석, 제사 때 차례상의 기원을 따라가 본다.

삼한 시대 제사풍속, 조선 중기 차茶없는 차례상 정착

용산 국립중앙박물관으로 가보자. 창원 다호리, 고령 지산리에서 과일과 생선가시를 담은 채 발굴된 가야 제기가 눈길을 모은다. 진쯥나라 진수陳壽(233~297년)가 편찬한 『삼국지三國志』 「위서魏書」 30권 중 '한전韓傳'에 "변한과 진한이… 법속法俗과 의식주 생활은 같지만 제사풍속이 다르다…"는 기록과 비교해서 보자. 변한은 가야다. 제사풍속이라는 중국측 기록과 음식 담긴 제기라는 현장출토유물이 일치한다. 3세기 이미 우리 민족이 제사상을 차렸음을 말해준다. 고구려의 동맹, 부여의 영고 같은 제천행사 때도 그랬을 것이다.

조선 성종 이후 관혼상제의 규범으로 삼던 주자朱子의 『가례』에 '천신례薦新禮'가 나온다. 세시 풍속절에 음식을 바치는 의식이다. 이 천신례를 중국식 다른 이름 '차례茶禮'로 부르면서 '차茶'를 올리지 않는 차례茶禮 이름이 생긴 것으로 보인다. 차례상과 관련한 흥미로운 조어가 눈길을 끈다. 신위를 기준으로 붉은 음식은 동쪽, 흰 음식은 서쪽에 놓는 홍동백서紅東白西. 대추棗는 씨가 하나여서 왕, 밤栗은 세 톨이 들어있어 3정승, 배梨는 씨가 6개여서 6판서, 감柿은 씨가 8개여서 조선8도라는 조율이시棗栗梨柿의 그럴듯한

감을 담은 칠기 제기.
창원 다호리 1988년 출토. 국립중앙박물관.

사자성어는 후대 윤색된 것이다.

조로아스터교 상차림, 우리 차례상과 판박이

서울 강남 최대 번화가 테헤란로. 1970년대 오일쇼크 뒤 원유를 안정적으로 수입하기 위해 이란과 우호를 과시하며 만든 이름이다. 이란 인구는 남북한을 합친 것보다 조금 많은 8천200만 명 정도지만, 면적은 한반도의 8배나 될 만큼 넓다. 이란 수도 테헤란에는 서울로가 자리한다. 한국과 이란이 서로의 수도 이름을 도로명에 붙이며 생긴 결과다. 수도 테헤란에서 남쪽으로 이란 국토의 중심부에 야즈드(Yazd)가 있다. 불을 숭배해 배화교(拜火敎)로 불리는 조로아스터교의 총 본산지다. 지금은 이란의 국교인 이슬람교에 밀려 초라해졌지만, 조로아스터교 신자들이 2500년 넘게 생명력을 이어간다.

야즈드에서 두 번을 크게 놀랐다. 하나는 조로아스터교 총 본당의 1500년 넘게 꺼지지 않는 불이다. 그 오랜 세월 불을 꺼트리지 않은 경이로움보다 사실, 조로아스터교도들이 교당 앞에 차린 차례상에 더 크게 눈이 휘둥그레졌다. 우리네 차례상과 닮았기 때문이다. 양탄자를 덮은 상 양쪽에 초를 밝히고 사과 같은 과일에 오이와 마늘 같은 야채, 곡류, 과자 등을 우리네 제기처럼 생긴 그릇에 담았다. 신주를 놓는 자리에 경전을 두는 것만 다르다. 조로아스터교도가 차례상을 언제 차리는지도 흥미를 자아낸다. 필자가 야즈드를 찾은 것은 2001년 춘분春分 때다.

조로아스터교 최고 축제, 춘분 차례상

조로아스터 교도는 왜 춘분에 정성스럽게 제물상을 차렸을까? 조로아스터교의 특징을 들여다보면 답이 나온다. 조로아스터교는 기원전 6세기 아케

조로아스터교 상차림.
춘분에 조로아스터교도들이 준비한 상차림. 야즈드.

조로아스터교 총본산 불의 신전.
야즈드.

메네스 페르시아 제국 때 닻을 올렸다. 제국이 기원전 331년 알렉산더에게 붕괴됐다가 500년을 넘겨 226년 사산조 페르시아(226~651년)로 부활해 국교로 삼으면서 절정의 교세를 뽐낸다. 조로아스터교는 세상을 빛과 어둠으로 나눈다. 광명光明이 암흑暗黑을 이긴다는 선악善惡 이분법 논리와 유일신 아후라 마즈다 사상은 유대교나 기독교, 이슬람교, 불교에도 영향을 줬다.

　니체의 1883년 작 『짜라투스트라는 이렇게 말했다』의 짜라투스트라는 조로아스터교(배화교) 최고의 예언자 조로아스터다. 광명(빛)을 떠받드니 최고 축일은 빛이 어둠을 이긴 날, 즉 낮이 밤보다 길어지는 춘분春分이다. 한국인들이 새해 첫날을 최고 명절로 생각하며 차례상을 차리듯, 조로아스터교도는 춘분에 정성스럽게 차례상을 준비해 예를 올린다. 여기서 궁금해진다. 조로아스터교 상차림 풍습이 우리 차례상에 영향을 미쳤을까?

조로아스터교도 중국 통해 우리 민족과도 교류

한국인들이 진시황릉을 보러 많이 찾는 시안의 산시성박물관 1층으로 가보자. 이국적인 유물 한 점이 탐방객을 반긴다. 선비족의 나라 북주北周 (557~581년)시대 수도 장안(시안)에 살던 소그드 출신 조로아스터교도 무덤에서 출토한 화려한 연회용 금박 의자, 카우치다. 조로아스터교를 국교로 삼던 사산조 페르시아는 224년 설립된 이후 오늘날 우즈베키스탄, 타지키스탄, 키르기스스탄을 지배하며 조로아스터교를 전파했다. 우즈베키스탄 사마르칸드를 중심으로 한 지역이 소그드(혹은 소그디아나)다. 중국 역사에서는 속특粟特이라 불렀다.

3세기 진晉나라부터 5~6세기 남북조 시대 사산조 페르시아나 소그드 출신 조로아스터교도들이 실크로드를 통해 중국에 들어와 살았다. 8세기 당

금박 입힌 화려한 채색 석조 카우치(연회용 긴의자).
소그드 출신 조로아스터교도가 장안(시안)에 남긴 무덤 출토. 북주(557-581) 시대. 시안 산시성박물관 .

나라 현종의 총비 양귀비로부터 총애를 받다 '안사의 난'을 일으킨 절도사 안록산과 사사명도 이름만 중국식이지 소그드출신 백인이다. 사산조 페르시아는 중국과 교류를 이어갔을 뿐 아니라 651년 아랍의 이슬람제국에 붕괴될 때 황실 일족이 대거 중국 당나라로 망명해 작위를 받고 정착한 점도 페르시아 문화의 동방 유입을 말해준다. 산시성박물관이나 베이징국가박물관에는 조로아스터교도들이 남긴 유물이 당시의 전설을 토해낸다. 소그드인의 연회와 사냥 등의 일상을 그려놓은 북주의 금박의자도 그중 하나다. 그렇다면 소그드인들이 한국 땅에도 들어왔을까? 다민족 국가인 고구려는 물론 신라에도 소그드인 관련 유물이 남은 점으로 미뤄 이들이 들어와 살거나 최소한 교류했을 개연성이 높다.

4500년 전 고대 이집트 공주 무덤 벽화 차례상의 빵

인류 역사상 가장 오래된 차례상 흔적을 보려면 이집트로 가야한다. 고대 문명의 불가사의, 기원전 2500년대 중반 지어진 이집트 기자의 쿠푸 피라미드는 동서양 모든 탐방객의 눈과 마음을 압도해 버린다. 1929년 대공황 탈출을 위한 대형공사 정책의 일환으로 착공해 2년 만인 1931년 완공시킨 고딕 양식의 뉴욕 엠파이어스테이트 빌딩이 나오기 전까지 지구상에서 가장 높았다. 그 옆에 쿠푸의 딸 마스타바Mastaba(무덤)가 자리한다. 영생을 믿던 이집트인들은 무덤에 벽화로 산해진미의 차례상을 차렸다.

공주마마를 위한 4500년 전 차례상을 보러 한 번 더 움직이자. 무덤에서 이를 뜯어다 전시중인 지구촌 문명의 보고, 파리 루브르박물관으로 말이다. 공주의 이름은 네페르티아베트. 그녀의 무덤 차례상 벽화가 주목받는 이유는 압도적인 카리스마의 팜므 파탈Femme Fatal 공주 모습이 그려졌기 때문이다. 차례상 앞에 고인의 영정을 놓는 것과 같다. 공주 앞에 있는 긴

이집트 고왕국 4왕조 공주 네페르티아베트 무덤벽화 차례상.
기원전 26세기. 루브르박물관.

조각들이 빵, 우리로 치면 쌀밥이다. 그 위로 각종 고기가 놓였다. 쌀밥에
고깃국, 만둣국 실컷 먹던 어린 시절 설날 추억과 겹쳐진다.

이집트 차례상 필수품 파, 총령葱岭 거쳐 중국과 한국으로

　루브르에서 이집트 중왕국 12왕조 기원전 18세기 재무관 샤케르티의 무
덤 차례상 벽화를 보자. 혼자 앉아 있던 네페르티아베트와 달리 샤케르티
는 아내와 둘이 앉아 후손들이 바친 차례상을 받는다. 상형문자 기록에는
빵 1천 개, 고기 1천 덩어리, 새 1천 마리 음식을 바쳤다고 적혔으니 이집트
효심이 한국을 앞선다. 방금 시장에서 사와 아직 끈도 풀지 않은 듯한 성싱
한 대파 한 단이 눈길을 끈다. 파 없이는 찌개나 국을 끓이기도, 나물을 무
치기도, 김치를 담그지도 못하는데… 임진왜란 이후 들어온 마늘과 고추처

이집트 중왕국 12왕조 재무관 샤케르티 무덤 벽화 차례상.
기원전 18세기. 루브르박물관.

럼 한국의 핵심 양념 파도 외래농산물이었다.

중국에서는 중앙아시아 파미르 고원을 총령葱岭이라 부른다. 파가 자라는 고원지대라는 뜻이다. 이집트와 서아시아 원산으로 중앙아시아를 거쳐 중국으로 들어온 것인지, 중앙아시아 원산으로 서아시아와 중국 양쪽으로 전파된 것인지는 불명확하다. 분명한 건 우리에게 파를 건넨 중국인들이 파의 원산지를 중앙아시아로 생각했다는 점이다. 『왕오천축국전』을 쓴 신라 혜초도 총령을 지나 천축국 즉 인도로 갔다.

신전의식 차례상… 4300년 세월 무색하게 현재와 닮은꼴

이집트 최고의 역사도시 룩소르로 가보자. 우리로 치면 경주나 평양에 해당한다. 룩소르에는 3500여 년 전 만들어진 거대한 신전 두 곳, 카르낙 아몬 대신전과 룩소르 신전이 남았다. 모두 태양신 아몬을 섬기던 장소다.

이집트인들은 아침마다 태양신이 다시 태어나는 것으로 여기고, 정화의식 Purification을 치렀다. 목욕재계한 대신관이 기도하며 신상神像을 닦고, 기름을 뿌리는 리베이션Libation을 거행했다. 이어, 향香을 사르고, 깨끗한 천으로 신상을 감싼 뒤 음식 가득 괸 차례상을 내놨다. 실물 차례상은 어떤지 궁금해진다.

루브르처럼 좋은 말로 발굴, 거친 말로 약탈 문화재의 보고, 런던 대영박물관으로 가보자. 이집트 고왕국 6왕조 기원전 2300년경 청동상과 각종 음식을 담던 청동그릇이 잘 정돈돼, 우리네 차례상을 연상시킨다. 4300년 세월이 무색해진다. 인간 삶의 방식이 크게 변하지 않음에 새삼 놀란다. 여기에 놓였을, 신에게 바치지만, 결국 사람이 먹을 제수음식에는 무엇이 있을까? 소, 염소, 영양, 오리, 거위 고기에 야채도 곁들였다, 대파와 양파를 빼

차례상 실물.
청동으로 만든 고대 이집트 차례상. 기원전 2300년. 대영박물관.

오시리스 신에게 공양을 올리면서 신관이 향을 피워 바치는 모습.
루브르박물관.

놓지 않았으니 그때도 파의 콜레스테롤 제거기능을 알았나 보다. 무화과,
대추야자, 석류 같은 과일도 디저트로 올랐다. 신선한 우유 한잔은 마무리
코스였다. 오늘날도 차례상에 향을 사르는데 이는 고대 이집트에서 시작된
풍습이다. 조상과 신을 기리는 경건한 차례상 풍습에 스민 문물교류 현상
을 떠올리며 설이나 추석 때 만두나 송편을 빚는 것도 좋겠다.

8. 솟대 새해 소망 담는 영혼의 중재자

여름이면 많은 관광객들이 찾는 강릉 경포대 해수욕장 옆에는 강문해수욕장이 자리한다. 경포대와 강문을 잇는 지점에 강릉 진또배기 서낭당이 자리하고 그 옆으로 진또배기 솟대공원이 탐방객을 맞아준다. 높은 장대 위에 새의 형상을 나무로 빚어 얹어 놓는 솟대는 한때 현대화 물결에 밀려 전국의 마을에서 자취를 감췄다가 최근 전통과 토속을 간직한 문화현상으로 되살아나는 추세다. 강릉의 진또배기 솟대공원 뿐 아니라 각지에서 벌어지는 현상이다.

서울 경복궁 안쪽에 자리한 국립민속박물관 앞마당에도 장승과 함께 솟

솟대와 장승.
복제품. 국립민속박물관.

대를 복원해 한국의 솟대신앙을 되살려 보여준다. 민속 박물관을 비롯해 각지 박물관에는 마을에 남아 있던 실물 솟대를 유물로 전시한다. 솟대문화는 언제 처음 시작된 것일까? 요즘 도로나 하천변에 세우는 솟대. 솟대문화사와 새 관련 신앙의 기원을 따라가 본다.

청동유물에 남은 솟대 추정 조각

서울 국립중앙박물관 청동기 시대 전시실로 가보자. 대전시 괴정동에서 1969년 입수한 길이 7.4㎝ 짜리 작은 청동 유물(기원전 4세기 추정)이 눈길을 끈다. 반쯤 훼손된 기와집 모양 한쪽 면에 농기구로 추정되는 물건을 잡은 채 성기를 노출한 남자, 반대쪽에는 나뭇가지(장대) 위에 새가 새겨졌다. 지금까지 국내에서 출토된 가장 오래된 새 관련 유물이다.

무대를 서울 경복궁 내 국립민속박물관으로 옮기자. 천하대장군, 지하여

새가 새겨진 청동 유물.
기원전 4세기. 국립중앙박물관.

장군 장승과 함께 서 있는 장대 위 새가 중앙 박물관 청동유물의 새와 겹쳐진다. '솟대'다. 우리 민속에서는 섣달인 구랍舊臘에서 설날인 원단元旦을 지나 정월 대보름까지 무병장수와 풍년의 복을 비는 제祭를 올리거나 솟대를 세웠다.

삼한 시대 소도의 유습, 솟대 신앙

서울 송파구 올림픽 공원 내 한성백제박물관으로 가보자. 삼한 시대 풍습을 묘사한 모형이 관심을 모은다. 언덕 위 큼직한 나무 신단수神檀樹 아래 샤먼(제사장)이 두 팔 벌려 서 있고, 그 아래 사람들이 무릎 꿇고 샤먼의 말에 귀 기울인다. 제사 현장 주위에 빙 둘러 세운 솟대가 보인다. 무슨 근거로 솟대 모형을 박물관에 만들었을까? 국립민속박물관이 펴낸『한국민속신앙사전』에서 솟대를 찾아보자.

> "나무나 돌로 만든 새를 장대나 돌기둥 위에 앉혀 마을 수호신으로 믿는 상징물. 삼한 시대의 소도蘇塗 유풍으로서 '솟아 있는 대'로 인식하기도 한다… 마을의 액막이와 풍농·풍어 등을 기원하여… 솟대는 대체로 마을 어귀에 세워진다. 장승과 탑이 있는 곳에 함께 세워지기도 한다…"

『한국민속신앙사전』에 언급된 삼한 시대 소도가 무엇일까. 중국『삼국지三國志』65권 가운데「위서魏書」총 30권의 30권 째가「오환선비동이전烏丸鮮卑東夷傳」이다. 이 가운데「동이전」은 부여夫餘·고구려高句麗·동옥저東沃沮·읍루挹婁·예濊·한韓·왜인倭人 열전으로 구성됐다. 한韓은 마한, 진한, 변한의 삼한을 가리킨다.「한전」에 다음과 같이 소도를 그려낸다.

소도 복원 모형.
주변에 솟대를 둘렀다. 한성백제박물관.

"국읍國邑에서는 각기 한 사람을 뽑아 천신에 대한 제사를 주관했는데, 이 사람을 천군이라 부른다. 또 이들 여러 나라에는 각각 별읍別邑이 있는데 이를 소도라 한다. 큰 나무를 세우고 거기에 방울과 북을 매달아 놓고 귀신을 섬긴다…"

제사장 천군이 소도에 세운다는 큰 나무가 솟대의 기원임을 추정해볼 수 있는 대목이다.

'새' 붙인 철판 미늘쇠, '새' 모양 토기… 신의 세계와 소통

가야의 터전이던 경남 김해 국립박물관으로 가보자. 새나 오리 형상을 빙 둘러 붙인 기다란 철판, '미늘쇠'라는 유물이 다수 전시돼 탐방객을 맞는다. 주요 출토지는 함안 도항리, 밀양 귀명리, 고령 지산리, 김해 양동리, 합천 등지다. 국립경주박물관으로 가도 경주 구어리에서 출토한 미늘쇠를 전시중이다. 그러니까, 새를 붙인 신비한 철기 미늘쇠는 『삼국지三國志』에서 말하는 삼한 가운데서도 가야지역인 변한과 신라의 진한 지역 무덤에서 발굴된다. 종교적 의미를 담았을 미늘쇠가 관심을 모으는 이유는 철판 둘레의 새다.

미늘쇠의 새(오리)는 무슨 뜻일까? 새는 땅에서 걸으며 물에도 살고 하늘을 난다. 하늘과 통하는 것은 죽음의 세계와도 통한다는 의미다. 인간의 유한한 현실세계와 하늘의 영원한 저승세계를 연결해주는 중재자로서 새의 역할을 가늠할 잣대가 보인다. 프랑스의 세계적인 구조주의 인류학자 레비스트로스의 신화분석과 일치하는 대목이다. 국립중앙박물관은 물론, 국립경주박물관, 국립김해박물관, 부산 복천

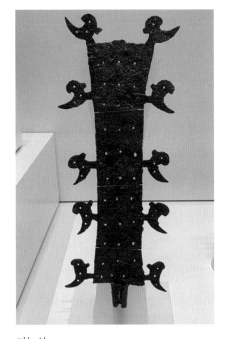

미늘쇠.
철판 주변에 새 모양 조각을 달았다.
4-5세기. 국립김해박물관.

새와 오리모양 토기.
경주 덕천리 출토. 4-5세기. 국립중앙박물관.

박물관 등에는 삼한 시대 무덤에서 출토한 새나 오리 모양 토기와 인형이 다수 소장돼, 솟대와 함께 고대 민속 신앙의 편린을 들여다보게 해준다. 삶과 죽음의 경계를 넘나드는 신성한 존재로서 새의 역할을 말이다.

솟대가 도리이鳥居로 변하다

    일본 고대 역사 도시 오사카 남부의 나라奈良현 카시하라橿原고고학자료관으로 가보자. 여기에 뜻밖에 한성백제박물관에서 보던 소도 풍경과 닮은 꼴 모형을 만난다. 양손을 번쩍 치켜들고 하늘을 향한 샤먼 아래로 사람들이 무릎을 꿇고 빈다. 특이한 것은 샤먼이 새로 분장한 모습이다. 새 분장을 한 샤먼과 무릎 꿇은 사람들 주변으로 눈을 돌리자. 꼭대기에 새가 조각된 장대, 즉 솟대가 빙 둘러 세워졌다. 이 모형 옆에 토기 유물 한 점이 고개를 내민다. 토기 표면에 새로 분장한 샤먼이 새겨졌다. 우리 역사유물보다 더 분명하게 새 관련 민속신앙의 면모를 보여준다.

    새를 통해 신에게 다가서려는 고대인의 갈망이 그대로 담긴 유물로 손색없는 토기 옆으로 눈길을 돌리자. 놀랍다. 일본의 고분시대인 5세기 경 솟대 유물을 전시중이다. 오리 형상에 가깝다. 일본에서의 솟대 전통을 보여

새 분장 샤먼과 솟대 복원 모형.
한성백제박물관 소도 모형과 판박이다. 카시하라고고학자료관.

도리이.
카시하라 신궁.

준다. 일본의 신사나 신궁에 가면 입구에 높다랗게 나무 기둥을 양쪽에 박고 가로 기둥을 댄 문을 지난다. 이 문을 '도리이鳥居'라고 부른다. 한자로 풀면 '새가 사는 집'이다. 새가 올라앉은 솟대의 변형이라는 설이 나오는 이유다. 새를 신성시하는 문화를 찾아 대륙으로 들어가 보자.

중국 한나라 솟대, 진시황 무덤 새모양 토기

중국 황하黃河 유역 역사 고도 시안으로 가보자. 시내 중심에서 동북쪽으로 35㎞ 지점에 중국 역사에서 최초의 거대 단일국가를 세웠던 진시황의 능이 자리한다. 규모가 너무 커 일견 산처럼 보인다. 기원전 247년 진시황이 등극한 뒤 만들기 시작해 기원전 221년 통일 뒤에는 무려 70만 명을 동원해 지었다는 무덤이다. 특기할 것은 무덤 앞 쪽 배장配臟 구덩이에서 새모양 그릇이 출토됐다. 진나라를 멸망시키고 들어선 한나라 7대 황제로 기

한나라 새 모양 토기.
무릉 배장구덩이 출토. 기원전 1세기. 시안 무릉박물관.

원전 108년 고조선을 멸망시켰던 무제(재위 기원전 141~기원전 87년)의 능인 시안 무릉 박물관에는 무릉 배장 구덩이에서 발굴한 새와 오리모양 토기가 여러 점 전시돼 있다. 우리의 삼한이나 신라, 가야에 앞서 사후 세계의 안녕을 빌어주는 부장품으로 새 모양 토기를 중국에서 활용했음을 보여준다.

시안에서 실크로드를 따라 내륙으로 더 들어가 보자. 황하 상류에 해당하는 간쑤성의 성도 란저우 간쑤성박물관에 간쑤성 우웨이武威시에서 출토한 한나라 시대 솟대가 기다린다. 진나라를 멸망시키고 기원전 206년 등장한 한나라 때 솟대 풍습에 눈이 휘둥그레진다. 하지만, 아직 놀라기는 이르다. 대만의 수도 타이베이 고궁박물원. 1949년 장제스 국민당

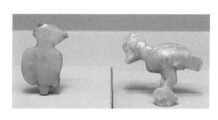

홍산문화 옥 솟대.
기원전 3500~기원전 3000년. 대만 고궁박물원.

정부가 공산당에 패주하면서 대륙의 유물을 가져와 전시중이다. 2층 옥유물 전시실 맨 구석에 작은 소품이 눈길을 끈다. 내몽골자치구 홍산문화 권역에서 발굴한 옥으로 만든 새(기원전 3500~기원전 3000년)는 물론, 양쯔강 하류의 신석기 농사문명 양저문화 권역의 옥으로 만든 솟대(기원전 2500~기원전 2200년)가 탐방객의 눈을 의심하게 만든다.

솟대와 새신앙… 중앙아시아 기마민족, 페르시아, 그리스에도

유라시아 대륙 더 깊숙이 들어가 보자. 중국 서부와 닿은 카자흐스탄 알마티 근교 이식 쿠르간은 기원전 4세기 경 스키타이족이 흑해연안에서 이주해 정착한 사카족 무덤이다. 이식 쿠르간 박물관에는 부장품 가운데 피장자의 모자를 장식하던 황금 솟대장식이 눈길을 끈다. 카자흐스탄 수도 아스타나 박물관에는 솟대 장식과 함께 알타이 산맥 서쪽 베렐Berel의 무덤에서 발굴한 새 장식을 비롯해 다양한 형태의 금동이나 금을 입힌 새 조각을 전시해 놓았다.

러시아 수도 모스크바역사박물관의 알타이공화국 출토 새조각(기원전 6~기원전 3세기)은 물론, 흑해 동쪽 연안 크라스노다르의 솟대 모습 비녀(기원전 1400~기원전 1000년)는 새와 솟대에 대한 인식의 지평을 넓혀준다. 크라스노다르의 고인돌은 한반도의 탁자식 고인돌과 가장 유사한 형태의 고인돌이기도하다. 흑해에서 남쪽으로 내려가면 오늘날

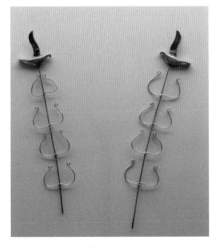

카자흐스탄 이식 쿠르간 황금 솟대.
기원전 4세기. 카자흐스탄 아스타나 박물관.

이란 땅인 페르시아다. 파리 루브르박물관 페르시아 전시실에서 만나는 솟대는 신석기 농사문명의 발상지 메소포타미아와 인접한 역사 고도 수사에서 발굴한 거다. 청동 솟대 2점, 반짝이는 알라바스터 솟대 2점의 제작연대는 기원전 3300~기원전 3100년이다. 중국 홍산 문화 옥으로 만든 새조각과 비슷한 시기다.

루브르에서는 또한 수사에서 출토한 기원전 4200~기원전 3800년 토기도 전시중이다. 신라나 가야, 진시황릉, 한무제 무릉 배장 구덩이에서 출토되는 속이 빈 새 모양 토기와 비슷한 형태다. 솟대 청동조각은 지중해 서쪽 끝인 스페인에서도 출토된다. 바르셀로나고고학박물관에는 루브르에 전시중인 페르시아 출토 솟대와 똑같은 형태의 청동솟대를 2점 전시중이다. 장대에 앉은 새를 조각으로 만드는 풍습이 유라시아 전역에 퍼져 있었음을 말해준다.

그리스 수도 아테네고고학박물관으로 가보자. 기원전 16세기 미케네 문명권의 황금 새 조각이 환한 빛을 발한다. 신성한 신전 제단을 양쪽에서 호위하듯 날개를 활짝 편 새는 받침 위에 올라서 있어 솟대를 연상시킨다. 사람 머리와 양팔에 새가 앉아 소통하는 모습은 인간과 새, 영혼과 새의 관계

페르시아 수사 청동솟대.
기원전 3300~기원전 3100년. 루브르박물관.

미케네 문명의 새와 신전제단.
기원전 16세기. 아테네고고학박물관.

를 보여준다. 새를 종교의례와 연결시켰음을 알 수 있다.

새가 된 영혼이 영생 얻어 저승으로

그리스에서 지중해 건너 북아프리카 한가운데 튀니지 카르타고로 가보자. 카르타고는 기원전 814년 오늘날 레바논 땅의 알파벳 창시자인 페니키아의 도시국가 티레Tyre의 공주 디도가 세운 나라다. 남동생과 갈등 끝에 고국을 탈출한 결과물이었다. 시내 한가운데 비르사Byrsa 언덕에 고대 카르타고 시가지 일부와 무덤이 발굴돼 있다. 기원전 146년 로마와의 3차 포에니 전쟁에서 패한 뒤, 초토화됐지만, 다행히 이미 지하에 묻힌 상태여서 살아남을 수 있었다. 카르타고에서는 무덤을 '카브르'라고 불렀다. 시신을 석관에 담거나 화장해 유골함에 넣어 묻었다.

카르타고인들은 영혼의 영생을 믿었다. '루아'라고 부른 영혼은 '살아 숨쉬는 숨결'의 의미다. 이 영혼 루아를 날개로 표현했다. 날아가야 하니까 그렇다. 어디로 날아갈까? 영혼의 도시, 영혼이 머무는 저승으로 말이다. 장례의식을 잘 치러줘야 루아가 편히 떠날 수 있다고 여겼다. 비르사 언덕 카르타고 박물관은 여신 조각과 함께 새 모양 토기를 무덤에서 발굴해 전시중이다. 카르타고의 내세관은 이미 페니키아 본국에서부터 싹텄다. 페니키아 본국은 이집트와 교역하며 오래전부터 이집트 문화의 영향을 받았다. 장례의식도 마

카르타고의 무덤 부장품.
여신과 새 모양 토기. 기원전 5세기.
카르타고 박물관.

이집트의 새 모양 영혼 바.
주인공은 실존인물 아니, 그리고 부인이다. 기원전 13세기. 런던 대영박물관.

찬가지다.

고대 이집트 장례식에서는 미라를 만든 뒤 개구의식開口儀式을 치렀다. 영혼이 살아 있을 때와 똑같이 입을 열어 먹고 말하라는 기원을 담는다. 미라 육신에서 영혼은 둘로 갈리는데, 하나는 새가 돼 미라를 지킨다. '바Ba'라고 한다. 하나는 살아생전 모습으로 저승의 오시리스 신에게 심판을 받으러 간다. '카Ka'라고 부른다. 죽어서 새의 형상을 띠는 이집트의 영혼 바. 죽어서 새가 돼 하늘과 소통한다고 믿던 삼한의 영혼 사상. 기원전 4000년대부터 이집트, 페르시아, 흑해, 중앙아시아를 거쳐 중국과 한반도, 일본까지 유구한 문화의 흐름이 새삼 놀랍다.

둘
학문과 문화

9. 고대 교과서 1800년전 검정교과서, 3800년전 점토판 사전

2020년 봄 학기는 대한민국 교육사에서 처음 있는 혼란기였다. 코로나 바이러스가 창궐하면서 전파 방지를 위해 3월 내내 학교 문을 걸어 잠갔으니 말이다. 4월부터 제한적으로 문을 열고 이런 방식은 가을학기에도 이어졌다. 중국은 물론 미국, 이탈리아, 이란, 어디랄 것도 없이 지구촌 전체에 큰 피해를 입힌 지구촌 전염병Pandemic으로 겪는 고통이 이만저만이 아니다. 첨단기술을 활용한 온라인 강의의 새 지평을 여는 과외 소득도 있었다. 중국, 몽골, 일본 현지에 머무는 외국 유학생들과 국내에 있는 한국 학생들이 인터넷 강의실에 모여 온라인 강의를 꾸려가는 경험을 통해 진화하는 교육의 미래 아니 현재를 보았다. 온라인이나 오프라인에 관계없이 바뀌지 않는 것은 교재다. 새물내 물씬 풍기는 종이 책을 만들기 전 고대 사회 학교의 교재문화를 들여다본다.

영화 안시성에 나오는 고구려 국립대학 '태학'

2018년 추석에 개봉한 영화 「안시성」은 고구려의 투쟁역사를 재조명하며 호평 받았다. 연개소문(유오성 분)이 지시를 따르지 않는 안시성주(조인성 분)를 살해하라고 보낸 사물. 모델 출신 남주혁이 연기한 사물은 가공인물이지만, 영화에서 사물이 다니던 수도 평양의 태학太學은 실제 고구려 최고 교육기관이다. 372년 한국사 최초의 학교, 태학을 세운 인물은 소수림왕이다.

아버지 고국원왕이 371년 백제 근초고왕과 전투에서 전사하며 즉위한 소수림왕은 강대국 고구려의 초석을 다진 인물로 이름 높다. 즉위 1년 뒤, 태학설립에 이어 당시 중국 중원을 장악한 티베트 출신 저족의 전진前秦 왕 부견으로부터 불교를 받아들인다. 373년에는 율령을 반포하며 통치체제를 갖춘다. 조카 광개토대왕(재위 391~412년)이 고구려를 아시아의 강국으로 키울수 있는 토대였다. 영화에서 지방호족의 아들 사물을 비롯해 고구려 귀족자제들이 다녔을 태학의 교재는 『논어論語』, 『맹자孟子』 등의 사서오경일 가능성이 높다. 태학 자체가 중국 한나라 무제 때 설립한 교육시스템이니 말이다. 고구려의 책은 종이로 만들었을까?

고구려 안악 3호묘 벽화 4세기 목간

중부내륙고속도로 북충주요금소에서 나와 시내 방향으로 10분여 가면 남한강변 충주고구려비 전시관에 이른다. 동네 아낙들 빨래터 받침돌로 쓰이던 넓적한 돌이 5세기말 고구려비로 판명되면서 한국 고대사가 다시 쓰인다. 1979년이다. 고구려가 신라를 동이족, 신라왕을 '매금'으로 부르고, 신라 땅에 주둔군 사령관을 두는 등 고구려-신라 관계를 조명하는 새로운 잣대가 담겼기 때문이다. 국보 205호 충주 고구려비 전시관의 또 다른 볼거리는 고구려 고분벽화다. 화려하게 복제해 놓은 고구려 고분 벽화는 1500~1600년 전 고구려 아니 우리 민족의 풍속을 생생하게 보여주는 살아있는 풍속화첩이다.

기원전 108년 한 무제 때 고조선을 멸망시킨 뒤, 대동강 유역으로 중국의 선진문화가 대거 유입됐다. 대동강 남쪽 황해도 안악군의 안악 3호묘는 묘실 앞 전실 좌우로 작은 측실이 딸렸는데, 복제한 왼쪽(서쪽) 측실 벽화에 눈길이 멈춘다. 근엄한 표정으로 앉은 묘의 주인공 동수의 표정이 마치 생존

황해도 안악3호묘 벽화.
벽화 속 묘주와 양쪽에 시종이 보인다. 357년 제작. 복제품. 충주고구려비 전시관.

인물처럼 생생하다. 묘주 동수 양옆으로 집사로 보이는 인물이 한명씩 서
있다. 왼쪽 인물은 오른손에 붓, 왼손에 목간 하나를 들었다. 무엇인가 쓰는
포즈다. 오른쪽 인물은 목간을 촘촘하게 엮은 목간첩(帖)을 들고 무엇인가
읽는 모습이다. 무덤 제작연도는 357년, 고국원왕 시기다. 4세기 중반 최상
위 고구려 귀족 무덤에 종이 책이 아닌 목간첩을 그려놓았으니 당대 책은
목간첩이었다는 얘기다. 후한 105년 채륜이 종이를 발명했다지만, 아직 보
편화되지는 않은 거다. 안악 3호묘 벽화에 목간첩을 그린 15년 뒤 372년 소
수림왕이 설립한 태학의 사서오경 책들도 이런 목간첩이었을까? 중국에서
태학이 설립됐던 시안으로 무대를 옮겨보자.

시안 무릉 박물관, 한나라의 죽간 활용 재현

　중국 역사고도 시안은 상나라를 무너트린 주나라의 수도 호경이 근처에 자리하는 것을 비롯해 기원전 11세기부터 중국 역사의 중심무대다. 기원전 221년 통일제국을 세운 시황제의 진나라 수도 역시 시안 근교 셴양이다. 진나라를 무너트리고 등장한 한나라(기원전 206~220년)의 시조인 고조 유방과 기원전 108년 고조선을 멸망시킨 무제 유철의 무덤도 모두 시안 근교다. 이 가운데 시안 서쪽 훙평현에 거대한 산처럼 버티고 선 무제의 무덤 무릉武陵으로 가보자.

　중국 당국은 비록 무릉을 발굴하지 않았지만, 주변 부장곽 출토유물을 모아 무릉 박물관을 세웠다. 박물관에는 무제가 정사 돌보는 장면을 인형으

죽간 제작 모형.
시안 무릉 박물관.

로 재현해 냈다. 무제의 말을 받아 적는 관리의 모습을 보자. 큼직한 벼루에 먹을 갈아놓고 붓을 들어 부지런히 적는 것은 종이가 아니라 죽간이다. 대나무를 잘게 잘라 엮은 죽간첩을 펼쳐놓은 모습에서 종이 이전 중국의 필기 문화가 고스란히 묻어난다. 무제보다 앞선 기원전 5세기 맹자나 기원전 6세기 공자가 배우거나 가르친 책들도 당연히 죽간이나 목간첩이다. 복원품 말고 실제 유물을 볼 수는 없을까?

중국 간쑤성박물관 한나라 『맹자』 죽간

발길을 시안에서 서쪽 내륙 간쑤성의 성도 란저우로 돌려보자. 간쑤성은 한족의 중국 문명권 외곽이자 황하 상류다. 시안에서 출발하는 실크로드의 경유지다. 란저우 간쑤성박물관은 기마문화를 대변하는 유물을 비롯해 희귀유물을 다수 소장해 역사 저장고로서의 위세를 뽐낸다. 유물 가운데 하나 죽간이 시선을 강탈한다. 간쑤성 서부는 비가 잘 내리지 않는 건조 사막 지대다. 나무나 섬유로 만든 유물이 썩지 않고 수천 년 보존되기도 하는 이유다.

죽간은 석굴로 이름 높은 둔황 등에서 발굴한 서한(기원전 206-기원후 8년) 시기로 2천년이 넘었다. 가늘고 좁게 자른 대쪽 위에 붓으로 촘촘하게 적은 내용은 다양하다. 편지부터 행정업무, 유학 경전까지. 공자의 말씀을 정리한 『논어』와 맹자가 직접 썼다는 맹자 사상의 핵심 『맹자』가 탐방객의 가슴을 설레게 만든다. 간쑤성박물관에 남은 『맹자』의 내용은 장유유서長幼有序관련 대목이다. 유학의 기본 서적인 사서오경은 물론, 가죽 끈이 3번이나 끊어질 만큼 독서를 많이 했다는 공자의 위편삼절韋編三絶 고사도 죽간첩을 포함한 목간첩 책이었다.

유학의 기본 교재 『맹자』의 장유유서 내용이 담긴 한나라 시대 목간.
둔황 출토. 기원전 2-기원후 1세기. 란저우 간쑤성박물관.

비석으로 만든 검정교과서 한나라 '희평석경'

시안 비림碑林박물관은 '비석의 숲碑林'이라는 말이 무색하지 않을 만큼 중국 역사를 아로새기는 다양한 비석들로 즐비하다. 묵향墨香을 넘어 비향碑香에 취하는 색다른 탐방의 묘미가 일품이다. 2000년 중국 비석 역사가 한눈에 들어온다. 이 가운데 한나라 시대 만든 비석에 시선을 고정시킨다. 희평석경熹平石經. 희평熹平은 후한의 황제인 영제 유굉의 연호다. 후한은 광무제 유수가 수도를 시안에서 뤄양으로 옮겨 재건한 나라다. 희평 연호는 172년부터 사용됐다. 석경石經은 돌에 새긴 경전을 말한다.

희평석경은 175년(희평 4년) 유학의 주요 경전을 표준화하기 위해 국가에서 '논어'를 비롯한 7개 경전을 검증해 돌에 새긴 비석이다. 용도는? 수도 뤄양의 최고 교육기관인 태학太學에 세워 학생들이 올바른 경전 내용을 공부

희평석경.
175년 제정된 국가 검정교과서. 한나라 최고 교육기관인 태학에 세웠다. 시안 비림박물관.

할 수 있도록 한 거다. 요즘 국정교과서 혹은 검정교과서다. 200년 뒤 설립된 고구려 태학은 한나라 태학을 본뜬 것이니 교과서 역시 마찬가지였을 것이다. 공포정치의 대명사 동탁이 한나라 말기 뤄양을 불태울 때 파괴된 희평석경의 파편들은 시안 비림박물관, 베이징국가박물관, 정저우 허난성박물관, 뤄양박물관 등에 전시중이다. 한나라를 이은 조조의 위나라는 희평석경을 대신해 같은 내용을 대전체, 소전체, 예서체의 3가지 필체로 기록한 삼체석경三體石經을 만들어 태학에 세웠다. 요즘도 정권 따라 국정 교과서 바뀌듯 표준 교과서가 바뀐 거다.

플라톤 아카데미의 파피루스 교재

무대를 폼페이로 옮겨보자. 폼페이 포럼에서 북쪽 베수비오 화산방면 성문인 베수비오문 앞 시미니우스 스테파누스 빌라에서 기원전 1세기의 아름다운 모자이크가 출토됐다. 지금은 나폴리국립박물관으로 옮겨 전시 중인 모자이크 이름은 '플라톤의 아카데미Plato's academy', 혹은 '철학자들Philosophers'로도 불린다. 플라톤이 기원전 380년 경 아테네에 세운 그리스 문명권 최초의 학교 아카데미에서 공부하는 학생들 모습을 담았다.

등장인물 7명 가운데 앞줄 5명은 그리스 특유의 오른쪽 어깨나 상반신을 드러내는 히마티온을 입었다. 가운데 앉아 지시봉을 들고 천구도를 가리키는 인물이 스승 플라톤으로 추정된다. 학생들을 보자. 상반신을 드러낸 4명 가운데 3명이 손에 파피루스 스크롤을 들었다. 지식을 담은 책이다. 지중해에는 나일강 삼각주에서 자라는 파피루스로 책을 만들었다. 이집트에서 지중해 각지로 파피루스를 수출한 주역이 오늘날 레바논의 페니키아다. 페니

'플라톤의 아카데미(Plato's academy)', 혹은 '철학자들(Philosophers)'.
등장인물들이 파피루스 스크롤을 손에 들었다. 기원전 1세기 모자이크. 나폴리국립박물관.

양피지 히브리어 책.
예루살렘 이스라엘 박물관.

키아 비블로스는 대표적인 파피루스 무역항이었다. 그리스인들은 비블로스에서 오는 파피루스로 책을 만들어 '비블리아'라고 불렀다. 기독교 시대 책을 대표하는 성경 바이블은 비블리아가 어원이다. 파피루스Papyrus → 비블로스Byblos → 비블리아Biblia → 바이블Bible의 변천과정이 흥미롭다. 동지중해에서 기원전 2세기 이후 양의 가죽을 활용한 양피지를 발명해 파피루스 대용으로 널리 활용하기 시작했다. 이스라엘 예루살렘의 이스라엘 박물관에 가면 쿰란 동굴에서 발굴된 기원전 2~1세기 사이 그리스문자 '70인역 성경' 등의 다양한 양피지 문서를 볼 수 있다.

이집트 기원전 8세기 비석 경전 '샤바카 스톤'

런던 대영박물관 중앙 홀에서 왼쪽으로 들어가면 이집트전시실이 나온다. 로제타스톤이나 람세스2세 두상 같은 이름난 유물 사이로 검은색 비석 하나가 눈길을 끈다. 발굴 당시 이정표로 쓰이던 샤바카 스톤Shabaka Stone 이다. 태양 햇살이 퍼지는 양 옆으로 상형문자가 빼곡한 비석은 경전, 중국 식 석경이다. 사연은 이렇다. 기원전 750년 경 이집트 남부 오늘날 수단에 쿠시라는 흑인왕조가 있었다. 기원전 747년 쿠시 왕조의 지방 호족 가운데 제벨 바르카에 거점을 두던 카흐타의 아들 피안키(피예, 재위 기원전 747~기원 전 716년)가 북으로 올라와 이집트를 정복하고 25왕조(기원전 747~기원전 664 년, 흑인왕조)를 연다.

피안키의 동생 샤바카(재위 기원전 716~기원전 702년)는 이집트 문명을 고스 란히 받아들이면서 이집트 신앙에 깊이 빠진다. 중국 주변민족들이 중국을

이집트 신전 경전 샤바카 스톤.
기원전 8세기. 대영박물관.

정복하고는 중국 학문과 문화에 동화되는 것과 같다. 흑인 파라오 샤바카는 이집트 신전에 남은 자료들을 샅샅이 조사하던 중 파피루스 경전이 벌레에 훼손되는 것을 보고 돌에 새기는 석경을 고안해 냈다. 대영박물관에 남은 1.37m 크기 샤바카 스톤은 그때 만들어진 것으로 멤피스의 주신 프타의 천지창조 과정을 다룬다. 그보다 800여년 뒤 중국에서 유학경전을 비석에 새기던 풍습과 다르지 않다.

메소포타미아 기원전 18세기 점토판 사전

지중해와 흑해를 연결하는 보스포러스 해협의 이스탄불은 16-17세기 유럽과 지중해, 서아시아를 호령하던 오스만 투르크 제국의 수도다. 제국의

메소포타미아 학교 교재.
함무라비왕의 아들 삼수 후나왕 때 만들었다. 기원전 18세기. 루브르박물관.

심장부 토카프 궁전에 붙은 이스탄불 고고학 박물관은 각지에서 수집한 다양한 점토판들을 전시중이다. 그중 7각형 점토판은 3800년 전 직업의 종류와 이름을 정리한 사전형태 학교 교재다. 함무라비 왕으로 유명한 바빌로니아왕국 기원전 18세기 점토판으로 교과서의 기원을 가늠해볼 수 있게 해준다. 이후 신앗시리아, 신바빌로니아 제국 시대에도 여러 종류의 점토판 사전과 책이 제작됐다. 파리 루브르에도 함무라비왕의 아들이자 후계자였던 삼수 후나왕 시기 쓰기교육용 문학교재와 사전들이 탐방객을 맞아준다. 3천800년 된 교과서에 잠시 입을 벌린 채 학문과 교육의 유구한 역사를 돌이켜 본다. 비록 책의 소재는 점토판, 파피루스, 목(죽)간, 비석에서 종이를 거쳐 전자책eBook으로 진화하지만, 지식과 정보를 책에 담아 교육하는 문화는 동서고금에 변함이 없다.

10. 한글 영화 '나랏말싸미'… 한글과 페니키아 문자 전파사

한글이 우리사회 화두로 떠올랐다. 계기는 경상북도 '상주'와 영화 '나랏말싸미'다. 1392년 이성계가 조선을 건국하며 전국을 8도로 나눌 때 상주를 경상도의 중심에 뒀다. 상주목사가 경상감영을 책임지도록 한 거다. 경상남북도를 합친 '경상도'가 '경주'와 '상주'에서 한 글자씩 따온 말이라는 사실에 상주의 위상이 묻어난다. 200여 년 경상도의 중심이던 상주는 임진왜란 중 그 지위를 잃는다. 부산에서 상주를 거쳐 충주와 한양으로 가는 조선의 주요 교통로와 거점이 왜군 손에 파괴된 탓이다. 1601년부터 경상감영의 지위를 대구가 물려받아 오늘에 이른다. 상주에서부터 한글의 유래를 찾아 들어간다.

훈민정음 해례본 상주본의 비운

훈민정음, 즉 한글 자음과 모음 28글자의 창제 동기를 밝힌 부분을 '훈민정음 예의', 창제원리를 밝힌 책을 '훈민정음 해례'라고 한다. '훈민정음 예의'는 1459년 세조 때 간행된 『월인석보』등에 남아 전해진다. 하지만, '훈민정음 해례'는 그 존재가 증명되지 않다가 간송 전형필이 일제 강점기 발견해 비로소 입증됐다. 국보 70호 '훈민정음 간송본'이다. 그러다, 2008년 상주에서 새롭게 1부가 발견돼, '훈민정음 상주본'이라 불린다. '간송본'보다 누락된 부분이 적어 문화재 가치가 더 큰 것으로 알려졌다. 이 상주본을 복

세종 동상.
세종로.

잡한 과정을 거쳐 현재 배모씨가 소장중이다. 최근 대법원 판결로 상주본은 국가 소유로 결론났지만, 배모씨는 거액을 요구하며 국가에 내놓지 않는다. 소유주인 국가의 안일하면서도 무기력한 행정력과 국가문화재를 불법 점유하고 있는 배모 씨의 배짱을 보면 뭔가 한참 뒤바뀐 모습이다. 도둑이 매를 들고 공권력이 절절매는 격이라고 할까? 국민은 속이 탄다. 한글을 창제하신 세종대왕이 지하에서 이 사실을 알면 뭐라고 말씀하실지 자명하다.

영화 '나랏말싸미', 세종의 한글창제 역정

답답한 마음인지 때맞춰 세종대왕이 직접 국민 곁으로 다가오셨다. 효과 만점의 이데올로기 전달수단 영화를 통해서다. 중국의 눈치를 봐야하는 상황에서도 민족 주체성을 살린 용단으로 백성을 위한 실용정책 차원에서 추진된 한글 창제. 그 위험하면서도 위대한 세종의 한글창제 여정을 조철현 감독이 영상에 담아냈다. 일본의 경제도발이 도를 더해가는 시점에 전국 개봉관에서 국민과 만났다. 영화는 중국문화에 일방적으로 기울어진 당시 지배층 관료들의 반대를 무릅쓴 세종과 그 배후 인물의 컬래버레이션, 즉 찰떡궁합을 그려냈다. 유교국가인 조선에서 전면에 등장하기 어려운 불교 스님, 신미대사와 세종이야기다. 산스크리트 문자, 티베트 문자, 파스파 문자를 깨우친 신미대사가 세종에게 한글 창제의 영감을 안겼다는 게 스토리텔링의 골자다.

한글창제의 독창성과 세종, 집현전 학사들의 역할을 귀에 못이 박이도록 들어온 터라 "웬 스님? 웬 산스크리트 문자나 파스파 문자?"하고 놀랄 법도 하다. 신미대사는 영산 김씨 족보에 따르면 속명이 김수성이다. 유학자인

영릉.
여주 세종의 능이다.

동시에 스님으로 동생 김수온이 집현전 학사였던 학자집안이다. 한글 창제 당시로 역사의 시계를 돌려 3가지를 탐구해 보자. ① 어떤 이유로 한글을 창제했는지 ② 어떤 방법으로 한글의 자음과 모음을 만들었는지 ③ 한글 창제에 외국 문자의 영향이 있었는지 여부다. 비록 영화가 성공을 거두지는 못했다 해도 영화가 던지는 메시지가 잘못됐다거나 실패한 것은 아니다. 오히려 영화의 실패는 이 나라 학계나 문화계의 할 일이 많음을 시사한다.

전파? 혹은 자생적? 한글 창제 시 '알파벳 개념'

"나랏말이 중국과 달라서 한자와 서로 통하지 아니하므로 일반 백성
이 말하고자 하나 제 뜻을 능히 펴지 못할 자가 많은 지라, 내 이를 불쌍
히 여겨 새로 28자를 만드니 사람마다 쉽게 익혀 쓰는데 편하게 하고자

집현전 터에 지은 수정전..
경복궁.

할 따름이다 國之語音 異乎中國與文字 不相流通 故愚民有所欲言 而終不得伸其情者

多矣 予爲此憫然 新制二十八字 欲使人易習使於日用矣."

위민과 실용정신이 절절히 묻어나는 한글 창제 동기다. 이제 창제원리를 구체적으로 들여다 보자.

해례본에 따르면 한글 자모 창제원리는 이렇다. 먼저, 자음의 경우 발음기관인 입술과 혀, 목구멍의 모양을 본떠 'ㄱ', 'ㄴ', 'ㅁ', 'ㅅ', 'ㅇ' 이렇게 5글자를 만들었다. 사물의 모양을 본뜬 것이므로 '상형설'이라고 흔히 말한다. 여기에 획을 더해 나머지 자음 12글자를 완성했다. '가획설'이라 한다. 자음은 17글자다. 모음은 우주를 상징하는 천지인(天地人), 즉 하늘, 사람, 땅을 나타내는 3개의 기호 '·', 'ㅡ', 'ㅣ'를 먼저 만든 뒤, 여기에 획을 더하는 방식으로 나머지 8글자를 창제했다. 우주를 담은 철학적 기초 위에 획을 더한 '가획설'이라 부른다. 당사자들이 이렇게 28글자의 제작 동기와 제작 방법 (상형설+가획설)을 설명해 놓았으니 이보다 더 정확한 고증은 없다. 하지만, 여기서 오해의 여지가 생긴다. 흔히, 한글 자모의 형태가 독창적이라는 부분만 강조할 뿐, 자칫 한글도 알파벳의 하나라는 점은 잊고 지나친다는 점이다.

알파벳은 영어를 적는 문자를 가리키는 게 아니다. 소리의 기본단위인 음소, 즉 자음이든 모음이든 특정 부호를 조합해 소리 나는 대로 모든 말을 적을 수 있는 문자가 알파벳이다. 글자마다 뜻을 가진 중국의 한자를 제외하면 현존하는 지구촌 대부분의 문자는 알파벳이다. 우리는 고유의 말을 갖고 있으면서도 고구려 이후 1000년 넘는 세월동안 한자를 써왔다. 그러다 세종 때 부호를 조합해 소리 나는 대로 적는 알파벳의 개념을 적용해 한글을 만든 거다. 이 알파벳의 개념마저 독창적으로 발견한 것인지, 아니면 한글 창제 이전 이미 수천 년 동안 써온 인류 알파벳 발달사의 한 과정에 편입돼 영향을 받은 것인지. 이 대목에 대한 정확한 인식도 연구도 부족하다.

양주 회암사지박물관 속 산스크리트 문자 기와

경기도 양주시 회암사지로 가보자. 지금은 건물 주춧돌만 남은 폐사지이지만, 고려시대 후기 최대 규모 사찰이자 유교국가 조선에서도 왕실 사찰로 번성하던 절이다. 고려말 대학자 목은 이색은 동방에서 가장 큰 절이라고 표현할 정도였다. 무엇보다 태종의 큰아들 양녕대군에 이어 두 번째 왕위 계승대상이던 둘째 아들 효령대군이 도를 닦던 절이 회암사다. 동생 세종이 제위 계승자가 되면서 효령대군은 승려로 변신해 왕위 쟁탈전에 나설 뜻이 없음을 보였다. 천마산의 빼어난 기암절벽 산세를 배경으로 드넓게 펼쳐진 폐사지에 절터에서 발굴한 각종 유물을 모아 전시관을 차렸다. 이 전시관을 빛내주는 화려한 색상의 도자기 기와 유물 사이로 마치 부호 같은 도안이 새겨진 기와들이 탐방객의 호기심을 자아낸다. 무슨 기와일까?

산스크리트 문자 기와들.
회암사지 출토. 회암사지박물관.

효령대군과 산스크리트 문자.
국립중앙박물관.

산스크리트 문자를 적은 기와다. 세종의 형인 승려 효령대군이 거처하던 절에 산스크리트 문자를 적은 기와가 많았다는 얘기다. 무엇보다 효령대군 이라는 이름과 산스크리트 문자가 병기된 기와다. 그렇다면 적어도 세종의 친형 효령대군은 자신의 이름을 적은 기와에 함께 적힌 산스크리트 문자를 비록 해독하지는 못해도 존재 자체를 알았을 것임은 불문가지다. 여기만이 아니다. 인천시립박물관으로 가도 산스크리트 문자 기와를 전시중이다. 회 암사만이 아니라 전국 곳곳의 사찰이 산스크리트 문자 기와를 활용했음을 보여준다.

성현『용재총화』, "한글은 산스크리트 문자 참고"

조선 초기 문신 성현은 1499~1504년 사이 지은『용재총화慵齋叢話』에 "훈 민정음을 산스크리트 문자를 참고해 만들었다"고 적는다. 영화 '나랏말싸 미'가 역사 기록을 근거로 제작됐음을 보여준다. 산스크리트 문자란 무엇인가? 기원전 16세기경 흑해와 카스피해 연안에서 인도 북부지방으로 이주해 온 인도유럽어족 계열 백인들이 기원전 7세기경부터 쓰는 문자를 가리킨다. 이들의 언어 산스크리트어를 적는 문자다. 자음을 합쳐 소리 나는 대로 말을 적는 알파벳이다. 부처님이 열반한 뒤 부처님을 따르는 제자들이 만든 불교의 경전은 바로 이 산스크리트 문자로 적혔다. 한자로는 산스크리트어를 범어梵語, 산스크리트 문자를 범자梵字로 부른다.

  범자 불경을 중국에서 한자로 번역했고, 우리는 이를 들여다 읽었다. 그러나, 불경을 원전으로 읽고자 하는 학승들은 당연히 산스크리트 문자를 해독할 줄 알아야 했다. 회암사지 뒤편 천마산 자락으로 조금 올라가면 3개의 부도가 나온다. 맨 밑에 세종의 할아버지 태조 이성계의 스승 무학대사 부도가 놓였다. 그 위는 무학대사의 스승 나옹선사 부도다. 그 위에는? 나옹의 스승인 지공화상 부도다. 지공화상은 인도출신으로 몽골의 대원제국을

인도출신 지공화상 부도.
회암사지 뒤 천마산.

거쳐 고려로 들어와 회암사에 머물렀다. 일설에는 회암사를 창건했다고도
한다. 고려 말에서 조선 초에 산스크리트 문자의 계보가 이어졌을 가능성
을 충분히 보여주는 인물 구도다.

고려 원종이 항복하러 간 내몽골 상두, 파스파 문자

이번에는 무대를 중국으로 옮겨보자. 베이징에서 버스를 타고 북쪽으로
7시간 가까이 달리면 내몽골자치구 뒤룬多伦에 이른다. 여기서 버스를 내려
택시로 갈아타고 정란치正蓝旗 방향으로 30여분 달리면 유네스코 세계문화
유산에 등재된 상두上都 유적지가 나온다. 몽골어로 자나두Xanadu. 70~80년
대 절정의 인기를 누리던 호주 출신의 팝가수 올리비아 뉴튼존이 1980년 발
표한 경쾌한 리듬의 '재나두Xanadu'가 바로 이 상두다. 베네치아 상인 마르코
폴로가 다녀간 뒤,『동방견문록』에 이상향으로 그린 황금의 도시다. 이 상두
를 찾아온 고려 임금이 있다. 몽골에 항전하던 최씨 무신정권이 무너진 뒤,
고려 고종은 항복을 결정하고, 그 아들인 세자를 이곳에 보낸다. 1259년이
다. 세자는 이듬해 아버지 고종이 죽으면서 원종으로 즉위한다. 원종이 만
나 항복을 알린 몽골제국 지도자는 칭기즈 칸의 손자이던 쿠빌라이다. 쿠빌
라이는 고려의 항복을 받으면서 동시에 충성을 확보하기 위해 원종과 사돈
을 맺는다. 원종의 아들이자 훗날의 충렬왕에게 딸을 시집보낸다.

충렬왕의 장인 쿠빌라이는 이후 티베트를 정복하고 1265년 티베트 승려
파스파에게 몽골제국의 문자를 만들라고 명한다. 할아버지 칭기즈 칸이 위
구르인에게 명해 만든 몽골 문자가 있었지만, 제국을 통치하는 언어로 특히
장차 지배할 중국의 말을 적는 문자로 부족하다는 판단에서였다. 파스파는
고국 티베트의 문자를 떠올렸다. 티베트는 불교와 함께 받아들인 산스크리
트 문자를 변형시켜 티베트 문자를 만들어 쓰던 터였다. 파스파는 이 티베

트 문자를 다시 변형해 1269년 파스파 문자를 완성해 바쳤다. 고려시대 국내 사찰에 티베트 문자로 된 문서가 유입되고 이는 현재 국립중앙박물관에서 볼 수 있다.

"한글은 파스파 문자 참고"

쿠빌라이는 수도 카라코룸을 근거로 대칸 경쟁을 벌이던 친동생 아리크 부가를 물리치고 대원제국을 세운 뒤, 대칸의 지위에 올랐다. 이어 파스파 문자를 대원제국의 공식 문자로 삼았다. 동쪽 고려부터 서쪽 킵차크 한국의 우크라이나, 남쪽 일한국의 이란까지 유라시아 대륙 각지의 대원제국 속국은 물론 기타 지역의 외국으로 보내는 제국 문서는 파스파문자로 쓰였

파스파 문자 통행증명패.
상트페테르부르크 에르미타주박물관.

다. 상두박물관은 물론 내몽골과 몽골, 중앙아시아 각지에 파스파 문자 문서와 파스파 문자로 된 통행증명패(일종의 마패)가 유물로 남아 몽골과 파스파 문자의 역사를 전한다.

충렬왕 이후 고려 왕세자는 어려서부터 대원제국의 수도 베이징에서 자랐고, 몽골 여인과 결혼했다. 머리도 몽골식 변발이었고, 몽골말을 썼다. 당연히 파스파 문자를 사용했을 것이다. 문서를 처리하는 고려의 관리들은 물론 불교가 국교이던 고려의 일부 승려들도 마찬가지다. 산스크리트 문자-티베트 문자-파스파 문자 계보가 고려에도 그대로 전달된 거다. 세 문자 모두 자음 혹은 자음과 모음을 조합해 소리 나는 대로 적는 알파벳이다. 뛰어난 실학자 이익의 사상을 그의 말년인 1740년 경 후손들이 집대성한『성호사설星湖僿說』에 "한글이 파스파 문자를 참고했다"고 나온다. 그렇다면 파스파 문자의 기원인 산스크리트 문자는 어디서 나온 것일까?

인류 최초 전용 알파벳 우가리트 문자, 쐐기문자 차용

지금은 내란으로 접근이 어려운 시리아로 발길을 돌려본다. 2000년 여름 탐방했던 시리아는 70년대 한국 시골도시나 농촌을 연상시켰다. 한적하고 평화로우며 일견 고즈넉한 분위기였다. 내륙은 사막이지만, 지중해 연안으로는 비옥하고 기후와 인심도 좋았다. 메소포타미아 문명시기부터 인류사를 수놓는 찬란한 역사유적도 여럿이다. 택시를 대절해 시골구석의 유적지를 찾아다니다 무더위에 지칠 무렵, 농가에 들러 아주머니에게 물을 얻어 마시며 갈증을 풀던 기억이 새롭다. 정겨운 인심의 시리아 국민이 독재자와 강대국의 잇속에 신음하며 각지로 떠도는 현실에 정의의 신은 어디에 있는지 묻는다. 시리아에 진정한 평화가 깃들기를 기도해 본다.

신의 도시라 불리던 터키의 기독교 도시 안타키아(안티옥)에서 남쪽으로

쐐기문자의 형태를 빌린 우가리트 알파벳 점토판.
루브르박물관.

그리 멀지 않은 지점의 시리아 지중해 연안 도시 우가리트로 가보자. 현재 아랍어로 '라스 샴라'로 불리는 우가리트는 페니키아인이 일군 기원전 14세기 유적지다. 우가리트 왕궁 유적지에서 많은 점토판 문서가 출토됐다. 이 중 눈길을 끄는 유물은 우가리트 문자 점토판이다. 파리 루브르박물관에 전시중인 이 점토판이 갖는 의미는 무엇일까? 발음의 기본단위 음소를 부호로 만든 뒤 이를 결합해 소리 나는 대로 적는 인류역사 최초의 전용 알파벳이다. 30개의 음소로 이뤄진 우가리트 알파벳은 그러나, 독창적인 모델이 아니다. 메소포타미아 쐐기문자에서 형태를 빌려왔기 때문이다. 이를 극복한 독창적인 형태의 알파벳이 등장하는데…

인류 최초 독창적 형태 알파벳, 페니키아 문자

우가리트에서 남쪽으로 더 내려가자. 국경을 넘어 레바논이다. 레바논은 다른 중동국가와 분위기가 사뭇 다르다. 이슬람교와 기독교가 공존하고,

아랍어와 프랑스어를 동시에 쓴다. 머리에 히잡을 쓴 여성을 거리에서 거의 만나기 어렵다. 수영하는 해안에서 저 멀리 산꼭대기를 바라보면 눈이 수북이 쌓였다. 작지만 다양한 면모의 나라 레바논은 티레, 비블로스 같은 고대 페니키아 도시국가들의 터전이었다. 페니키아는 단일국가가 아니라 그리스처럼 다양한 도시국가로 나뉐다. 2020년 8월 대폭발로 끔찍한 재앙에 신음했던 수도 베이루트 국립박물관으로 가서 석관 하나를 살펴보자. 박물관 1층 왼쪽 구석에 모셔진 높이 1.4m, 길이 2.97m 짜리 석회암 관은 일견 투박하다. 대리석 석관처럼 매끄럽지 않다. 하지만, 그 안에 담긴 의미는 어느 대리석 석관보다 빛난다.

석관 뚜껑에 "구블라(비블로스)왕 이토발이 아버지 아히람을 위해 석관을 만들었다"는 취지의 170 음소(부호), 38개 단어로 쓰인 글이 보인다. 기원전 1000년 경 제작된 이 석관 뚜껑 문자는 가장 오래된 독창적 형태의 알파벳이다. 기원전 12~기원전 11세기경 해양민족 페니키아인이 만든 페니키아

아히람왕 석관 뚜껑에 새겨진 페니키아 문자.
기원전 10세기. 베이루트국립박물관.

문자다. 22개 자음으로 이뤄졌다. 페니키아 문자 역시 이집트 시나이 반도에서 쓰이던 원시 시나이 알파벳으로부터, 원시 시나이 알파벳은 이집트 상형문자에서 영향받았다. 알파벳이라는 개념이 결국 이집트 문자에 뿌리를 두지만, 오늘날 우리가 친숙하게 사용하는 영어 알파벳 형태의 독자적인 첫 알파벳은 페니키아 문자다.

한글 제외 모든 알파벳, 페니키아 문자의 형태 바꾼 것

22개의 간단한 부호만 익히면 모든 소리를 표현할 수 있는 획기적인 페니키아 알파벳은 급속도로 주변으로 퍼져 나간다. 페니키아 지방 그러니까 레바논 기준 서쪽 그리스로 기원전 9세기 경 전파돼 그리스 문자가 탄생한다. 기원전 8세기 초 호메로스의 『일리아드』같은 완성된 형태의 그리스문자 서사시가 인류 문학사의 서막을 올린다. 그리스 문자는 이탈리아 반도의 에트루리아 문자를 거쳐 로마의 라틴문자로 기원전 6세기 진화했다. 이 라틴문자가 오늘날 영어, 프랑스어, 독어를 비롯해 서양 모든 언어를 적는 문자다.

그리스 문자는 11세기 러시아 키릴 문자로 진화한다. 페니키아 문자는 레바논에서 동쪽으로도 전파되는데, 기원전 8세기 시리아 땅에서 사용하던 아람어의 문자가 된다. 아람문자다. 1세기 이스라엘의 예수님이 쓰던 언어와 문자는 아람어와 아람문자다. 당시 유대인들은 히브리어보다 중동지역 국제어, 즉 링구아 프랑카Lingua franca이던 아람어를 더 많이 썼다. 아람문자는 이후 히브리 문자, 페트라의 나바티아 문자, 아라비아 반도의 아랍문자로 진화한다. 우리 눈에 그림처럼 보이는 아랍문자는 페니키아 문자에서 나온 알파벳이다.

아람문자는 시리아 문자-카로슈티 문자-소그드 문자를 거쳐 몽골초원에

아람문자.
루브르박물관.

서 돌궐 문자-위구르 문자-칭기즈 칸의 몽골 문자로 발전한다. 아람문자는
또 산스크리트 문자로 진화돼 티베트 문자-파스파 문자로 형태를 바꾼다.
앞서 살펴본 대로다. 중국 자금성 전각의 명패마다 보는 한자 병기 만주 문
자도 티베트 문자에서 나온 알파벳이다. 크메르 문자-타이 문자-자바 문자
도 산스크리트 문자에서 나왔다. 결국 지금 사용되는 지구촌 모든 알파벳
은 페니키아 문자의 후예다. 우리 한글을 제외하고 말이다.

고려에도 알려진 알파벳 개념과 독창적 형태의 한글

　17세기 만들어진 만주 문자가 지금 사라졌으니 지구촌 알파벳 중 한글은
맨 나중에 태어난 인류 알파벳 발달사의 최신 버전인 셈이다. 그러니 가장
과학적이어야 자연스럽다. 이제 글을 정리해 보자. 뜻글자인 한자와 달리
부호를 연결해 소리 나는 대로 모든 것을 적을 수 있다는 원리의 전용 알파

산스크리트 문자.
마우리아 왕조 아소카왕 때 만든 법령. 아소카 포고령. 기원전 3세기. 뉴델리국립박물관.

벳은 이미 3000년도 훨씬 전에 완성됐다. 이후 2000년도 더 지나 13세기 말 고려에도 알파벳이 들어왔다. 산스크리트 문자나 티베트 문자, 파스파 문자를 통해서다.

영화 '나랏말싸미'에 나오는 불교계의 신미대사처럼 산스크리트 문자나 파스파 문자 같은 알파벳의 개념을 이해하는 지식인들이 고려 말은 물론 한글 창제 당시 있었을 가능성은 매우 높다. 페니키아 문자 이후 형태만 바꾼 다른 알파벳과 달리 독창적 형태의 과학적 문자인 한글의 우수성을 아는 것은 한국인의 기본이다. 동시에 페니키아 문자 이후 알파벳이라는 개념이 지구촌 전역으로 전파되면서 조선사회까지 들어왔다는 인류 보편의 역사적 배경을 아는 것도 필요하다.

11. 탑 인도에서 간다라 거쳐 한반도까지 불탑 전파사

전라북도 익산역. 코미디언 이주일 성공신화의 디딤돌이 됐던 1977년 이리역 폭발사고의 상흔을 딛고 일어선 말쑥한 모양새다. 용산에서 고속철도로 1시간 15분 여. 고작 강남북을 오가는 시간이다. 역에서 나와 버스에 몸을 싣고 백제 무왕이 도성을 건설한 금마면으로 간다. 마한을 거쳐 백제의 중심지로 자리매김했던 풍요의 땅이다.

백제 사찰 미륵사 폐허 위에 다시 우뚝 선 미륵사지 석탑과 반갑게 만난다. 1990년 대 중반 방송기자 시절 쓰레기와 심지어 배설물로 뒤범벅이던 미륵사지 석탑 보존복원의 필요성을 보도한 지 사반세기 만이다. 한국이 자랑하는 문화유산인 탑塔, Pagoda의 기원은 어디일까? 불교의 탑은 왜 생겨났고, 처음에는 어떤 모습이었을까?

국내 가장 큰 미륵사지 석탑

20년 세월 복원을 마친 국보 11호 미륵사지 석탑은 높이 14.5m, 너비 12.5m, 무게 1830t으로 국내에서 가장 거대하다. 남북국(발해와 신라)시대 신라의 충주 탑평리 칠층석탑(국보 6호)도 높이가 14.5m지만 너비와 무게는 미륵사지 석탑에 못 미친다. 미륵사지 석탑은 복원된 높이만 6층 14.5m이고, 원래는 9층 25m로 추정된다. 새 단장한 미륵사지 석탑이 마냥 반갑기만 하지는 않다. 탑 네 귀퉁이에 생뚱맞게 사람형상 보호석을 세워놓은 게

미륵사지.
동탑과 서탑으로 이뤄진 구조다. 동탑은 1993년 치밀한 고증 없이 복원했고, 서탑은 2019년 복원했다.

아닌가. 고려 말-조선 초 조각이다. 백제탑을 복원하면서 그보다 1천년 뒤 석상을 놓는 것은 부적절하다. 엄중한 복원정신에 어울리지 않는다.

백제 무왕의 왕비는 신라 선화공주?

2009년 1월 석탑 1층 내부에서 사리함이 나왔다. 사리함 속 금판에 새겨진 193자의 한자에 흥미로운 이름이 보인다. 백제 최고 관직인 좌평佐平 벼슬을 하던 사택적덕沙宅積德의 딸이 백제의 왕후라는 대목이다. 사택왕후가 재물을 희사해 미륵사를 창건하고 사리를 봉안해 왕실의 안녕을 빈다는 내용을 새겼다. 그때가 639년이라고 적는다.

이번 석탑 복원에 들어간 비용은 국비 161억 원 포함 230억 원이다. 요즘도 이런 거액이 들어가는데, 백제시대도 마찬가지다. 왕실 차원의 시주가 없으면 불가능한 대역사다.

　석탑을 만든 639년은 무왕(재위 600~641년) 시기다. 474년 서울의 한성백제가 붕괴된 뒤, 무령왕(재위 501~523년)의 공주시대, 성왕(재위 523~554년)의 부여시대를 거쳐 무왕은 익산에도 도읍에 필적할 대규모 궁궐과 사찰을 짓는다. 『삼국유사』에는 '서동'이라 불리던 무왕이 신라 진평왕(재위 579-632)의 셋째딸 선화공주와 결혼하는 과정이 나온다. 경주로 간 무왕은 선화공주가 서동을 만나러 다닌다는 '서동요', 요즘 말로 '가짜뉴스'를 퍼트린다. 신라왕실에서 불륜 혐의로 내쫓긴 선화공주를 데리고 백제로 와 결혼한다. 사실이라면 진평왕의 큰딸인 신라 선덕여왕은 무왕의 처형인 셈이다. 하지만,

석탑 해체 당시 나온 금제 사리호(병).
미륵사지박물관.

돌 벽돌을 쌓은 구조의 미륵사지 석탑.
미륵사지 석탑은 실내 공간을 갖춘 건물이다.

미륵사지 석탑에서 나온 기록은 왕비가 백제 고관 사택적덕의 딸이다. 선화공주와 사택왕비의 관계나 진위여부는 풀어야 할 과제다.

미륵사지 석탑은 1층에 문, 실내가 있는 건물

사택왕비가 창건한 미륵사는 '3탑 사찰'이다. 절 정문으로 들어가면서 정면 동서로 2개의 석탑, 가운데 목탑을 배치한 구조다. 이번에 복원된 탑은 미륵사지 서탑이다. 동탑은 훼손돼 사라졌는데, 근거도 없이 지난 1993년 '상상복원' 됐다. 문화재로 인정받지 못하는 이유다. 미륵사지 서탑을 가만히 들여다보면 국내 각지의 사찰에서 보는 석탑과 생김새가 다르다. 규모가 크다는 것 외에 계단으로 올라가는 기단부가 있고 그 위 탑 1층에 문이 보인다. 내부로 들어갈 수 있는 건물이란 거다. 이런 건물형태 탑을 찾아 신라 경주로 가보자.

분황사 모전탑, 1층에 실내가 있는 건물

경주 구황동에 선덕여왕 시기 634년 창건한 분황사 터가 나온다. 폐사된 지 오래지만, 국보 30호 분황사 모전석탑이 남았다. 미륵사지 석탑처럼 기단 위 탑 본체 1층에 문이 나 있어 내부로 들어가는 구조다. 건물이다 보니 규모도 커서 3층으로 남은 지금 높이만 9m에 이른다. 분황사 탑은 또 하나의 특징을 갖는다. 짙은 회색 안산암安山岩을 작은 흙벽돌博, 전, Brick 크기로 잘라 쌓았다. 돌로 흙벽돌을 모방模倣해 쌓은 석탑이라는 의미로 분황사 모전탑模塼塔, 혹은 모전석탑이라 부른다.

익산 미륵사지 석탑 역시 비슷하다. 몇 개의 큰 석재덩어리를 쌓은 석탑이 아니다. 화강암을 자른 수 천 개의 석재로 쌓아 모전석탑의 일종으로 볼 수도 있다. 분황사는 634년 창건됐지만, 탑이 언제 만들어졌는지는 명확하지 않다. 1915년 일제가 해체, 수리할 때 사리함 속에서 뜻밖에 숭녕통보崇寧通寶가 발견됐다. 숭녕통보는 송나라 휘종(재위 1100~1125년) 연간에 쓰던 화폐다. 그러니, 고려 숙종(재위 1095~1105년)이나 예종(재위 1105~1122년) 때 중건됐다는 얘기로 정확한 최초 건축연대는 알 수 없다. 절이 창건된 634년 이후로 추정할 뿐이다. 이제 불교와 그 문화를 전해준 나라들로 탑의 기원을 찾아 떠나보자.

경주 분황사 모전탑.
국보 제30호.

산둥반도 사문탑, 분황사탑 닮은 모전탑

지난 신통사 사문탑.
611년 수나라 양제 시기.
석재를 잘라 쌓은 건물형태의 모전탑이다.

백제, 또는 신라(6세기 진흥왕이 한강을 차지한 뒤)가 중국과 소통하던 바닷길의 기착지, 산둥성 성도 지난 濟南으로 발길을 옮긴다. 지난 고속철도 역에서 택시를 타고, "태산이 높다하되 하늘아래 뫼이로다…"의 바로 그 태산방향으로 50분여 달리면 지난과 태산 중간지점에 신통사 神通寺라는 절이 기다린다. 고구려에 불교를 전해준 저족(티베트)의 전진(351~394년)시기 창건된 절이다. 사방 4개의 문이 설치된 사문탑四門塔이 반겨준다. 구조는 청석靑石이라는 돌을 흙벽돌처럼 잘라 쌓은 모전석탑이다.

경주 분황사 모전석탑을 떠오르게 하는 이 사문탑은 언제 만들어졌을까? 그동안 중국에 불교문화를 화려하게 꽃피운 선비족의 나라 동위東魏 시기인 544년 세워졌다고 알려졌다. 하지만, 1972년 수나라 양제 7년 즉 611년에 건축됐다는 자료가 나왔다. 그러니까 미륵사지 석탑(639년)이나 분황사 모전석탑(634년 이후)보다 앞선 시기다. 고구려를 침략했다 을지문덕에게 패퇴한 수 양제 시기 중국의 탑은 1층에 실내를 갖춘 건물 형태 모전석탑이었던 것이다.

허난성 숭악사탑, 중국에서 가장 오래된 전탑

무대를 중국 허난성 뤄양洛陽에서
버스로 2시간여 거리에 자리한 덩펑
登封의 숭산 소림사로 옮겨보자. 한
때 국내 영화 팬들을 열광시키던 무
술도 없고, 고색창연한 사찰 건물도
없는 소림사에 너무 실망하지 말자.
근처 20분여 거리 숭악사에 더 흥
미로운 관심거리가 기다리니 말이
다. 높이 36.8m의 거대한 탑이 소림
사에 실망한 탐방객에 위안을 준다.
형태는 사각형인 미륵사지 석탑, 분
황사 모전탑, 신통사 사문탑(모전탑)
과 달리 포물선의 원추형이다.

하지만 1층 입구를 통해 내부로

숭악사 전탑.
선비족이 523년 만든 원추형 탑.
흙벽돌을 쌓아 만들었다.

들어가는 건물구조는 같다. 1층 너비는 10.6m로 제법 넉넉하다. 내부로 들
어가 보니 진흙으로 만든 직사각형 벽돌전, 塼로 만들어졌다. 전탑塼塔이다.
지난 신통사 사문탑, 경주 분황사 탑을 모전탑模塼塔이라 부르는 이유는 흙
벽돌을 모방해 만든 사각형 석재로 탑을 쌓았기 때문이다. 숭악사 전탑이
모델이란 얘기다. 숭악사 전탑은 언제 만들어졌을까? 선비족의 나라로 불
교 이상국가를 꿈꿨던 북위北魏 효명제 3년인 523년 건축됐다. 중국에서 가
장 오래된 전탑이고, 세계에서 가장 오래된 포물선(원추형) 전탑이다.

서역 신장위구르자치구 카슈가르 전탑

중국 역사에서 서쪽 땅이라 불리던 서역西域으로 무대를 옮겨보자. 인도에서 발생한 불교는 서북쪽 간다라 지방에 온 뒤 기수를 동쪽으로 틀어 서역지방으로 온다. 오늘날 중국에서 신장으로 부르는 곳이다. 중국이 기원전 2세기 한나라 때 일시 점거한 것은 물론 당나라 때도 일시 지배하다 여진족인 청나라 황제 건륭제가 18세기 점령하면서 지금까지 중국 영토로 편입돼 있는 백인 혼혈민족 위구르의 땅이다.

신장위구르자치구에서도 남서쪽 맨 끝 파키스탄, 아프가니스탄, 타지키스탄 등과 접경지대에 자리한 카슈가르喀什는 중국과는 완전히 다른 이국적인 풍경으로 탐방객을 맞이한다. 위구르 자치구의 수도 우르무치가 거의 한족의 도시, 현대화 도시로 거듭나 위구르의 면모를 찾아보기 어려워진 반면 카슈가르는 고색창연한 위구르 전통의 건물들은 물론 이국적인 용모의 위구르인들이 다수 남았다. 다민족 국가 중국의 위상은 물론 2000년 전 실크로드의 중간기착지라는 감흥이 절로 인다.

시내에서 택시를 타고 시외곽 북동쪽으로 30여 ㎞, 1시간여 나가면 황량한 사막 지형 한가운데 무너져 가는 탑이 무상한 세월의 흐름을 탑신에 새긴 채 탐방객을 맞아준다. 막이불탑莫爾佛塔이라 부른다. 원형을 잃었지만, 진흙벽돌로 쌓은 전탑임을 한눈에 알 수 있다. 하단은 12.3m의 정사각형태고, 상단부는 사발을 엎어놓은 듯한 복발정覆鉢頂의 반구半球형태다.

현재 남은 높이는 12.8m인데 탑의 형태가 덩펑 숭악사에서 보던 원추형은 아니지만 반구형태, 즉 탑의 상단부가 원형이라는 점에서 탑에 대한 새로운 안목이 생긴다. 위진남북조시대나 당나라 때 서역 제국諸國의 하나였던 고소륵국古疏勒國이 남긴 탑으로 추정된다. 서역은 간다라에서 중국내부로 들어오는 중간지대다. 그렇다면 간다라 지방에서 탑이 유입된 것일 테

아래는 정사각형 위는 반구형 막이불탑.
위를 보면 흙벽돌로 쌓은 전탑임을 알 수 있다. 카슈가르.

니 발길을 기원전 1-기원후 1세기 인류역사상 처음으로 불상을 만든 간다
라지방으로 돌려 탑의 모습을 확인해보자.

우즈베키스탄 파야즈 테페 반구형 전탑(2세기)

우즈베키스탄 파야즈 테페Fayaz Tepe다. 수도 타슈켄트에서 비행기를 타
고 아프가니스탄 국경도시 테르미즈로 와 택시로 20분 거리다. 황량한 사
찰 폐허에 새물내 물씬 풍기는 흰색 반구半球형 건물 하나가 경이롭게 솟았
다. 기단부에 올라서면 아무다리아강(과거 옥수스강)과 그 건너 아프가니스
탄 발흐 지방이 한눈에 내려다보인다.

간다라 파야즈 테페의 이 흰색 반구형 건물은 일본 기술진이 만든 보호각
이다. 내부로 들어가야 2세기 만들어진 간다라 탑이 원형대로 남아있다. 이
간다라 탑은 카슈가르 막이불탑처럼 지구본 같은 구형을 반으로 잘라 엎어

간다라 파야즈 테페 전탑.
겉으로 보이는 둥근 탑은 보호용이고 그 안에 실물 간다라 전탑이 있다. 2세기.

놓은 형태다. 중국과 한반도로 전래되기 전 간다라와 신장 지역에서 탑은
기단부는 사각형, 그 위는 반구형이었다. 또 하나, 이 간다라 탑은 카슈가르
처럼 흙벽돌을 쌓아 만든 전탑塼塔이다. 파키스탄 페샤와르의 간다라 탑들
도 마찬가지다. 간다라 지방에서 불상과 반구형 전탑을 전수받은 선비족이
북위 시대 덩펑 숭악사처럼 원추형 전탑으로 변형한 거다.

파키스탄 간다라 지방 쿠샨왕조 스투파

　파야즈 테페는 아무다리아강(알렉산더 시대 옥수스강)과 붙어 있다. 아무다
리아강은 우즈베키스탄과 아프가니스탄의 국경이다. 필자도 아직 아프가
니스탄에는 가보지 못했다. 문명의 교차로이자 간다라 지방의 핵심지역이
지만 정정이 불안해 탐방할 기회를 얻지 못했다. 2001년 기회는 있었다. 아
프가니스탄 탈레반 정권의 비호 아래 아프가니스탄에 거점을 뒀던 알 카에

간다라 스투파.
돌벽돌을 잘라 쌓았다. 아래는 정사각형 위는 반구형이다. 2세기. 파키스탄 페샤와르.

다가 뉴욕 세계무역센터에 비행기 테러를 일으켰을 때다.

미국이 아프가니스탄에 전쟁을 시작하면서 종군 취재할 기회를 얻었다. 서울에서 파견돼 파키스탄의 아프가니스탄 쪽 국경도시 페샤와르까지 갔지만, 더 이상 진입할 수는 없었다. 그때 파키스탄 페샤와르 지역의 역사 유적과 박물관을 둘러보았는데, 페샤와르는 아프가니스탄과 함께 간다라의 핵심지역으로 많은 불교문화재가 남아 있다. 그 중 2세기 쿠샨왕조 때 남긴 스투파(탑)들을 탐방했는데, 규모가 작은 부도탑 형태부터 돌벽돌로 쌓은 커다란 모전탑까지 다양했다.

인류사 최초 불탑, 산치 스투파

불상과 달리 탑은 간다라보다 인도에서 먼저 생겼다. 네팔 룸비니에서 태어난 부처님은 기원전 6세기 인도 쿠시나가라에서 열반한다. 제자들은

산치 대탑.
기원전 3세기.

육신을 화장한 뒤 나온 사리를 보관하기 위해 탑을 만들었다. 탑의 기원이
다. 하지만, 지금 부처님시대 만든 탑은 남아 있지 않다. 가장 오래된 탑은
인도 중부지방 마디아프라데시주 보팔시 근교에 남아 있다.

　1984년 미국계 유니언 카바이드사가 인류 역사상 보팔시에서 최악의 가
스 누출사고를 일으켜 무려 2800여명이 죽고 20만여 명이 피해를 입었다.
지금은 그 상처를 딛고 활기를 되찾은 모습이다. 보팔은 시내에 큰 호수가
자리한 물의 도시다. 보팔에서 북동쪽으로 40㎞ 지점에 산치Sanchi라는 구
릉지가 나온다. 평야지대 솟은 산꼭대기로 올라가면 완벽한 형태의 반구형
거대한 불탑이 탐방객의 입을 벌려 놓는다. 인도 마우리아 왕조의 전륜성
왕으로 불리던 아소카왕이 기원전 3세기 세운 탑으로 알려져 있다. 돌을 가
지런히 잘라 반구형으로 쌓아올린 탑에서 불교 초기 탑의 생김새가 정확히
읽힌다.

인도-투파, 중국-탑파, 한국-탑… 대형 전탑에서 소형 석탑

이때부터 탑은 반구형 전탑이다. 인도의 고대 팔리어로 투파Thupa, 산스크리트어로 스투파Stupa라 불리는 탑. 중국으로 들어와 탑파塔婆, 다시 한국으로 와 탑塔이란 말이 생겼다. 그 과정에 실물 탑은 인도와 간다라의 둥근 건물형태 전탑에서 6세기 초 중국 선비족 북위의 원추형 건물 형태 전탑으로 다시 7세기 초 한족 수나라의 사각형 건물형태 모전탑으로 진화한다. 이 건물 형태 모전탑이 고구려, 백제, 신라로 들어와 7세기 전반기 미륵사지 석탑(일종의 모전탑)이나 분황사 모전탑을 낳고, 7세기 말 이후 건축하기 쉬운 작은 석탑으로 축소돼 한국 사회 불탑으로 자리 잡는다. 익산 왕궁리 석탑, 부여 정림사지 석탑, 경주 감은사지 탑, 불국사 석가탑, 충주 중앙탑이 그 전형이다.

충주 중앙탑.
8-9세기.

12. 양피지 학문경쟁이 무역전쟁으로! 기술개발로 국란 극복

LG디스플레이가 2019년 8월 초 유기발광다이오드OLED 패널 생산에 필수적인 고순도 불화수소의 완전 국산화에 성공했음을 알렸다. 일본 제품 대신 국산 제품으로 시험을 끝내고 일본 제품을 사용하지 않기로 한 거다. 일본이 정치논리 아래 경제전쟁을 걸어온 지 3달만의 성과였다. 나라에 위기가 올수록 결국 살아날 방법은 기술개발뿐이라는 교훈을 얻기 위해 터키 서부해안 그러니까 이오니아 지방 페르가몬Pergamon 유적지로 탐방을 떠난다. 정치적인 이유로 무역 갈등이 생기고 그 갈등을 기술개발로 극복한 헬레니즘시대 그리스인들 이야기를 찾아서다.

페르가몬, 알렉산더 사후 헬레니즘 4강 체제

한국 여행객도 많이 찾는 트로이 유적지와 에페소스 유적지 중간에 자리하는 페르가몬의 현지 이름은 베르가마Bergama. 작은 시골도시인 베르가마 신시가지에서 헬레니즘 시대(기원전 331~기원전 30년) 문명을 꽃피우던 페르가몬 유적지로 올라가는 길은 가파르다. 그리스인들의 도시는 산꼭대기 아크로폴리스를 중심으로 형성되기 때문에 고지대다. 택시를 타고 구불구불 올라가기도 하지만, 요즘에는 케이블카를 타고 단숨에 유적지 입구 매표소로 날아간다.

페르가몬 유적지.
터키 베르가마.

유적지로 들어가기 전 잠시 2300여 년 전으로 돌아가 보자. 기원전 332
년 이집트를 정복한 알렉산더(재위 기원전 336~기원전 323년)가 기원전 323년
33살의 나이로 급사한 뒤, 알렉산더의 부하장군들은 치열한 제위 계승전쟁
을 통해 알렉산더 시대 일군 제국을 나눠 갖는다. 기원전 323년 페르디카스
섭정(바빌론의 분할), 기원전 321년 안티파트로스 섭정(트리파라디소스 분할)체
제로 갔다가 기원전 319년 안티파트로스가 죽으면서 이전투구 양상으로 바
뀐다. 알렉산더 일족은 모두 암살된다.

5강 체제를 거쳐 기원전 281년 쿠르페디온 전투와 기원전 279년 켈트족
(갈리아)의 침략으로 마케도니아와 그리스가 2년간 약탈당하는 사변을 겪은
뒤, 기원전 277년 4강 체제가 짜인다. 알렉산더 사후 46년 만에 1세대 장군
들의 2, 3대 후손들 손에 이뤄진 최종 4강 구도다. ① 이집트의 프톨레마이

프톨레마이오스 1세.
이집트 파라오 차림. 비엔나미술사박물관.

오스 왕조 ② 시리아의 셀레우코스 왕조 ③ 마케도니아의 안티고노스 왕조
④ 페르가몬의 필레타에로스 장군 체제다.

페르가몬, 아탈로스 1세 때 강대국으로 부상하다

  페르가몬은 헬레니즘 4국 가운데 가장 늦게 출발했지만, 이집트 알렉산
드리아의 프톨레마이오스 왕조 못지않게 왕성하게 학문적 열정을 불태웠
던 나라다. 페르가몬을 독립시킨 필레타에로스는 알렉산더 사후 실력자이
던 트라키아 리시마코스의 재무담당이었다. 리시마코스가 죽자 페르가몬
의 통치자를 선언한다. 그의 아들 에우메네스 1세를 이어 그의 사촌이자 양
아들 아탈로스 1세가 기원전 238년 왕을 선언하면서 본격 왕조로 발돋움한
다. 기원전 277년 마케도니아에서 격퇴돼 이오니아 지방으로 넘어온 켈트

족(갈리아)을 박멸한 자신감이 가져온 결과다.

　그리스 문화권에 수십 년 동안 공포의 대상이던 떠돌이 파괴자 켈트족의 위협에서 해방시켜준 공로는 작지 않았다. 모든 것을 신의 공으로 돌리는 당시 그리스 문화대로 아탈로스 1세는 제우스신에게 바치는 대제단을 건축했다. 지금 현장을 찾으면 대제단이 있던 곳에 기초만 남고 건물 자체는 사라졌다. 어디로? 독일 베를린의 페르가몬 박물관이다. 이곳에 통째로 뜯어다 전시중이다. 그리스 수도 아테네 아고라에 우뚝 솟은 아탈로스 스토아는 그의 아들인 아탈로스 2세(재위 기원전 159~기원전 138년)가 아테네에서 유학하며 공부한 것에 대한 보은으로 지어준 거다.

제우스제단 초석.
기원전 2세기.

알렉산드리아 무세이온과 쌍벽인 '페르가몬 도서관'

기원전 197년 아탈로스 1세가 죽고 왕위를 계승한 큰아들 에우메네스 2세(재위 기원전 197~기원전 159년)는 아버지가 일군 업적을 토대로 최고 전성기를 일궜다. 아버지가 전쟁에서 얻은 각종 전리품은 페르가몬을 부국의 반열에 올려놓았다. 에우메네스 2세는 이를 기반으로 학문과 예술 진작에 많은 노력을 기울였다. 당시, 영토의 넓이, 특히 비옥한 곡창 지대의 크기로 보면 이집트 프톨레마이오스 왕조가 가장 앞섰다. 부를 바탕으로 프톨레마이오스 왕조는 학문과 예술을 후원해 수도 알렉산드리아는 헬레니즘 시기 최고, 최대의 문명지로 올라섰다. 그 바탕에는 프톨레마이오스 1세가 세운 국립 도서관 겸 학술연구기관 무세이온Museion의 역할이 컸다. 페르가몬의 에우메네스 2세는 이집트를 본 따 페르가몬 도서관을 대대적으로 후원하며 학문의 꽃을 피우려 했다.

페르가몬 유적지로 들어가 비탈진 길을 따라 올라가면 각종 건물터를 지

페르가몬 도서관 터.

복원한 알렉산드리아 무세이온.
페르가몬 도서관보다 2.5배 많은 50만권의 장서를 소장한 것으로 알려져 있다.

나 그리스 문명권에서 가장 장엄한 극장 유적에 이른다. 급한 경사를 활용한 극장 계단 관중석에 서면 그리스의 연극문화나 희곡에 대한 새로운 안목이 생긴다. 좁은 도시 공간에 가장 크게 지은 공공시설이 극장이란 점. 그만큼 그리스인들이 문학과 연극을 생활화 했으며 국가적으로 큰 관심을 갖고 지원정책을 폈음을 알 수 있다.

극장 위로 가보자. 우리가 궁금해 하는 학문의 전당 페르가몬 도서관 터다. 지금은 말 그대로 터만 남아 학문과 과학기술의 전당이라는 이미지를 떠올려 보기 무색하다. 하지만, 당대 알렉산드리아 무세이온과 함께 헬레니즘 학문의 최고전당으로 쌍벽을 이루던 곳이다. 인류 문명사에 남을 기술 개발의 현장이기도 했는데, 그 사연 속으로 들어가 보자.

이집트의 무역규제, 파피루스 수출 금지령

페르가몬 도서관을 만든 인물은 에우메네스 2세다. 그의 재임시절 페르가몬 도서관은 20만권의 책을 소장해 50만권의 알렉산드리아 무세이온에 이어 헬레니즘 시대 두 번째로 큰 도서관이었다. 에우메네스 2세는 페르가몬 도서관을 발전시키기 위해 당대 헬레니즘 문명권 최고의 인문학자로 칭송받던 알렉산드리아 무세이온의 도서관장 아리스토파네스에게 스카우트 손길을 내민다.

아리스토파네스는 고전기 그리스 시문학이나 희곡에 정통했고, 그리스어 문법을 정비한 학자다. 기원전 5세기 아테네의 희극작가 아리스토파네스와는 동명이인이다. 페르가몬 도서관으로부터 제안을 받았다는 사실을 안 이집트 프톨레마이오스 5세는 크게 노해 아리스토파네스를 가둔다. 감

파피루스.
베를린 노이에스 박물관.

히 학문의 왕국 프톨레마이오스 왕조에 도전한 것으로 간주해 페르가몬에 파피루스 수출 금지령을 내린다. 정치적인 이유로 무역규제를 가한 거다.

페르가몬, 양질의 양피지 개발로 경제 발전

하지만, 세상은 늘 반전으로 변화를 일구는 법. 파피루스 수출 금지령은 페르가몬에 전화위복의 계기였다. 에우메네스 2세는 페르가몬 도서관의 학자들에게 파피루스 대체품 발명을 명한다. 학자들의 기술개발 노력 끝에 기원전 190년 경 양가죽을 부드럽게 펴 만든 양피지羊皮紙를 발명해 낸다. 물론 이전에도 양피지를 사용했던 것으로 보이지만, 이때 페르가몬이 기술 혁신으로 우수한 품질의 양피지를 만든 것으로 볼 수 있다.

마치 105년 후한 시대 채륜이 종이를 발명한 것으로 알려져 있지만, 사실은 품질을 개량한 것과 같다. 종이는 전한 시대부터 제작됐고, 채륜은 공정을 단순화하고 우수한 품질의 종이를 대량생산하는 데 성공한 것이다. 페르가몬은 이후 헬레니즘 시대를 거치며 우수한 양피지 생산지로 명성과 부

양피지 코란.
이슬람 3대 정통 칼리프 오스만이 644년 암살될 때 읽던 코란. 복제품. 타슈켄트박물관.

양피지.
이스라엘 쿰란 1동굴 출토. 기원전2~기원전1세기 암만 요르단 박물관.

를 얻었다. 영어로 양피지parchment는 라틴어로 페르가몬을 나타내는 페르가메눔pergamenum을 거쳐 프랑스어 파르쉬멩parchemin에서 나왔다. 파피루스Papyrus에서 페이퍼Paper가 나온 것처럼 말이다.

13. 로마유리 한중일 로마유리로 보는 실크로드 자유무역

국립경주박물관과 국립중앙박물관에서 보는 신라 무덤 출토 쪽빛 유리 잔들은 어디서 왔을까? 우리만이 아니다. 일본의 도쿄국립박물관으로 가도 고대 무덤에서 발굴해 전시 중인 쪽빛 유리를 볼 수 있다. 2019년은 일본발 경제전쟁으로 우리 경제의 체질을 강화하자는 자성과 함께 자유무역의 소중함을 새삼 깨닫게 준 한해였다. 쪽빛 유리그릇을 통해 고대 실크로드 자유무역의 실상을 들여다본다.

천마총, 황남대총의 신라 쪽빛 로마유리

1973년 문화재 당국이 황남동 155호 고분으로 불리던 대형 봉분무덤을 발굴한다. 화려한 금관을 비롯해 수많은 부장품, 특히 자작나무 껍질에 하늘을 날아오르는 듯한 말의 모습이 그려진 다래가 나온다. 다래는 말안장 밑에 흙이 튀어 오르지 않도록 다는 도구를 가리킨다. 다래의 말 그림을 따 천마총이라 부른다. 이 천마총에서 출토된 푸른 색 유리잔은 1979년 보물 620호로 지정된다. 국립경주박물관으로 가서 실물을 보자. 보물이라고 해서 황남대총 남분 등에서 나온 국보 유리잔에 비해 제작기법이나 미적 가치가 떨어지는 것은 아니다.

오히려 표면에 올록볼록한 질감을 주는 기법이나, 짙은 쪽빛으로 빛나는 색상은 어느 유리그릇보다 돋보인다. 1500년을 넘어 원색 그대로 오롯이

쪽빛 로마유리.
천마총 출토 국립경주박물관.

빛나는 쪽빛 유리잔에 감탄을 금할 수 없다. 황남대총 11점, 금령총 2점등 25점이 출토된 신라고분 유리 가운데 무슨 색상이 제일 많을까? 쪽빛이다.

일본 황릉 출토 쪽빛 유리 제품

일본 오사카 근교 사카이堺로 가보자. 일본의 거대 무덤인 4-6세기 전방 후원분前方後圓墳들이 밀집해 있는 지역이다. 사카이 박물관으로 가면 입구에 큼직한 석관 하나가 눈에 들어온다. 그 앞에 무덤 출토품을 복제, 전시해 놨다. 기마민족의 문화를 상징하는 투구 옆으로 투명한 유리접시 위에 쪽빛 유리병이 반짝인다. 천마총 출토 유리잔과 같은 쪽빛 색상은 물론 표면 상부의 줄무늬, 하부의 올록볼록한 표면처리 기법까지 닮았다. 일본 인덕 천황仁德天皇 무덤에서 출토된 유물이라는 안내판이 붙었다.

인덕천황은 720년 쓰인 일본정사『일본서기日本書紀』에 일본 16대 천황으로 재위 기간은 313년부터 399년까지로 나온다. 313년이면 고구려 미천왕이 평양유역에서 낙랑군을 최후로 몰아낸 시기다. 399년은 광개토대왕이 신라에 침략한 일본군을 몰아내기 위해 대군을 출동시킨 해다. 하지만, 인덕천황의 정확한 생몰연대나 재위기간을 알기는 어렵고, 유리그릇의 연대를 대략 4세기 말에서 5세기 초로 본다.

도쿄국립박물관 고고학관으로 가보자. 3점의 유리 가운데 쪽빛으로 반짝이는 접시가 눈길을 사로잡는다. 박물관 설명문을 보자. 오사카 근교 하비키노의 안한천황安閑天皇릉에서 출토했다고 적혀 있다. 안한천황은 531년 즉위해 536년 사망한 것으로『일본서기』나『고사기古事記』는 기록한다. 6세기 중반이다. 박물관은 유리그릇을 '서아시아 제품'이라고 적어 놓았다. 4세

쪽빛 로마유리.
인덕천황릉 출토. 복제품. 사카이박물관.

쪽빛 로마유리.
안한천황릉 출토. 도쿄국립박물관.

기에서 6세기 서아시아는 동로마의 영토였으니, 로마제국의 유리라는 얘기
다. 국립중앙박물관이나 국립경주박물관은 시리아나 레바논이라는 지역을
더 구체적으로 적었다. 이 지역은 로마시대 1세기 경 입으로 불어 유리그릇
을 대량생산하는 방법이 시작된 곳이다. 서아시아로 가서 로마유리를 들여
다보기 전 5-6세기 동아시아의 중심국가이던 중국으로 가 보자.

시안의 로마유리, 동로마제국 주화

시안 산시성박물관은 베이징국가박물관과 함께 중국 역사를 연대순으로
일별하기 좋은 탐방장소다. 13세기 몽골의 대원제국 이후 수도가 된 베이
징과 달리 시안은 기원전 11세기 중국 주나라의 수도 호경이 있던 곳이며,
이후 당나라까지 2000년 가까이 중국 역사의 중심무대였다. 유적은 물론
천하의 중심을 자처한 중국이 외국과 문물을 주고받던 수도여서 당시를 증

로마 유리.
시안 산시성박물관.

언하는 많은 유물이 출토되는 역사고도다. 중국에서도 많지는 않지만, 로마유리가 발굴되는데, 시안 산시성박물관도 서안에서 출토한 로마의 유리접시를 전시중이다. 시안에서 출토한 로마 유리 숫자는 한국이나 일본보다 적다. 하지만, 한국과 일본에서 볼 수 없는 유물이 출토돼 관심을 모은다. 유리라는 교역의 대상을 넘어 교역의 수단이다.

교역의 수단은 무엇일까? 화폐다. 돈이 있어야 물건을 사고판다. 서아시아에서 로마유리를 갖고 들어온 상인들은 화폐를 사용했을 터이고, 유물로 남겼을 게 분명하다. 이런 의미에서 시안에서 출토돼 베이징국가박물관에 전시중인 동로마 제국 화폐는 탐방객에게 귀한 선물에 가깝다. 동로마 제국에 대해 간략히 살펴보자. 393년 로마 테오도시우스 황제는 로마제국을 동서로 분할해 큰아들 아르카디우스에게 콘스탄티노플(이스탄불)을 수도로 한 동로마제국을 상속한다. 작은 아들 호노리우스 황제에게는 로마를 수도로 한 서로마 제국을 떼어준다. 동아시아로 들어오던 로마유리의 생산지 시리아와 레바논은 동로마제국에 속한다, 이 동로마제국의 화폐가 중국에서 출토되니 동서 무역교류의 실상이 확실하게 눈에 잡힌다. 그렇다면 로마 유리와 주화는 어떤 경로를 타고 당시 중국 역사의 중심지 시안과 한국 나아가 일본으로 전파됐을까?

한나라 때 개척한 실크로드 카슈가르 반초 성

지도를 펼쳐놓고 중국 지도를 보자. 북쪽 끝은 몽골초원보다 훨씬 북으로 올라가는 동시베리아다. 남쪽은 베트남 수도 하노이보다 더 남으로 내려가는 해남도다. 서쪽은? 광활한 신장위구르자치구의 사막지대다. 여기서도 가장 서남쪽에 자리한 도시 카슈가르로 가보자. 중앙아시아 키르기스스탄, 타지키스탄, 아프가니스탄, 파키스탄과 가까운 국경도시다. 신장위구르자치구의 주도인 우르무치에서도 비행기를 타고 2시간을 가야 할 만큼 멀다. 카슈가르 시가지는 여타 중국 도시는 물론 위구르 자치구의 주도 우르무치와도 분위기가 사뭇 다르다. 백인과 혼혈인 위구르인들이 많이 보이는 것은 물론 거리의 건축 양식도 이슬람 양식이어서 중국 한족 전통과 차별화 된다.

카슈가르에 반초성班超城이라는 기념지가 자리한다. 한 가운데 이 지역을 평정하며 실크로드 상권을 보호했던 한나라 관리 반초의 동상이 우뚝 솟았다. 좌우로 그를 보좌했던 장군과 관리들 동상이 열병식 치르듯 늘어섰다. 잠시 실크로드의 역사를 더듬어보자. 한나라 무제(재위 기원전 141~기원전 87년) 때 기원전 139년경 무제의 명을 받은 장건이 월지와 동맹을 맺기 위해 서역으로 떠난다. 비록 월지와 동맹에는 실패하지만, 오늘날 신장위구르자치구, 중앙아시아 각국을 다니며 현지인과 접촉한 것은 물론 현지 상인을

반초성.
신장위구르자치구. 카슈가르.

대동하고 현지 물품도 구해 귀국한다. 실크로드의 개막이다.

　이후 기원전 59년 한나라는 이 지역에 서역도호부西域都護府를 세우고 관리를 보낸다. 기원전 16년 폐쇄됐던 서역도호부는 얼마 뒤 다시 복원되고, 그 주역이 역사책 『한서漢書』를 쓴 반고의 동생 반초다. 반초는 73년부터 102년까지 서역도호부에 머물며 이 지역을 한나라 영역 아래 두는 한편 실크로드 상권을 보호한다. 그 중심지가 당시 소륵疏勒으로 불리던 카슈가르다. 중국이 이를 기념해 카슈가르 고성 터를 반초성으로 복원한 거다. 한나라는 서역도호부의 영토를 다시 잃는다. 하지만, 이 지역은 동아시아와 서양세계를 이어주는 실크로드 동서교역의 장으로서 역할을 이어간다.

실크로드 교역도시 팔미라의 중국비단과 로마유리

　카슈가르에서 중앙아시아를 거쳐 실크로드 선상의 교역도시 시리아의 팔미라로 가보자. 지금은 국제전으로 비화된 내전으로 생지옥이 따로 없는 땅이 됐지만, 필자가 찾았던 2000년의 팔미라는 놀라움 그 자체의 사막 유적지였다. 사막 한가운데 신기루처럼 서 있던 팔미라 유적지에는 작은 박물관도 있는데, 여기에 중국제 비단이 전시돼 있었다. 중국 비단이 실크로드를 통해 팔미라까지 유통되던 교역의 실상을 잘 보여준다. 제노비아 여왕이 통치하며 독립국가를 일궜던 260년에서 271년 사이 절정의 번영을 이룬 팔미라. 동서를 잇는 무역도시로서의 기능은 이후로도 이어진다. 중국 비단이 온 팔미라에서 거꾸로 서아시아산 로마유리는 중국으로 갔고, 신라와 일본으로도 팔려 나갔다. 오늘 우리가 로마유리라는 유물로 보는 4~6세기 실크로드를 통한 동서 자유무역의 실상이다.

레바논과 폼페이의 쪽빛 로마유리

시리아에서 남쪽으로 붙은 레바논으로 건너간다. 레바논은 경기도만한 크기지만, 지역별로 기후나 식생이 전혀 다르다. 고산지대가 있는가 하면,

시리아 팔미라

메마른 사막지대도 있다. 지중해 연안은 비옥하기 그지없고 온화한 날씨를 보인다. 인류사 최초로 독창적인 형태의 전용 알파벳을 기원전 12-기원전 11세기 완성시켜 현대 지구촌 알파벳 역사를 개막한 페니키아의 나라가 레바논이다. 로마의 박물학자인 플리니우스는 1세기 '박물지'에서 페니키아인들이 모래를 활용해 유리를 발명했다고 적는다. 물론 유물을 통해 보면 페니키아에 앞서 이집트나 메소포타미아에서 유리를 생산했지만, 그런 유물들을 볼 수 없던 로마시대에는 레바논과 시리아 해안지대를 유리의 고향으로 본 것이다.

수도 베이루트 박물관은 지금까지 발굴된 가장 오래된 페니키아 문자가 적힌 기원전 10세기 아히람왕 석관을 비롯해 2층 유리 전시실에 쪽빛 로마 유리병을 전시중이다. 이곳만이 아니다. 로마의 생활문화가 매몰됐다 그대로 되살아난 폼페이 유물의 보고, 나폴리국립박물관으로 무대를 옮겨보자. 다수의 1세기 쪽빛 로마 유리그릇들이 탐방객을 반갑게 맞아준다. 로마

로마유리.
레바논. 베이루트 박물관.

쪽빛 로마유리.
폼페이 출토. 1세기. 나폴리국립박물관.

로마유리.
2세기. 리스본 고고학 박물관.

지배 아래 있던 서유럽 각국의 박물관에서도 로마유리를 만난다. 유라시아 대륙 전역이 쪽빛 로마유리로 반짝였던 거다.

14. 가야 철 한반도 첨단제품 문화 수입해 발전한 일본

경상북도 고령군 대가야 박물관으로 가보자. 철광석을 녹여 철을 생산하던 시설을 복원해 놓았다. 가야가 철 생산의 중심지였음을 나타낸다. 생산된 철은 납작한 덩이쇠로 만들어 유통시켰다. 대가야 박물관에 전시된 덩이쇠를 보고 무대를 부산시 복천 박물관으로 옮겨보자. 복천동 38호 가야고분에서 출토한 유물이 눈길을 끈다. 말발굽이며 화살촉 400개를 비롯해덩이쇠들이 가지런히 놓였다. 한반도와 대륙에서 철을 비롯한 첨단제품과문화를 보내주고 이를 자유롭게 받아 성장하던 일본. 고대 자유로운 교역과 교류 문화를 유적과 유물을 통해 살펴본다.

삼한시대 변한에서 철을 수입하던 왜

"나라에 철이 나는데 한韓, 예濊, 왜倭가 모두 와 사간다. 시장에서 철을 중국의 화폐처럼 쓴다. 2개군(낙랑과 대방)에도 공급한다國出鐵韓濊倭皆從取之 諸市買皆用鐵如中國用錢 又以供給二郡"

『삼국지』「위서」의 30권 '오환선비동이열전' 중 '동이' 부분이다. 학자들은여기서 '나라'를 변진(변한), 즉 가야로 본다. 철의 산지 가야가 덩이쇠를 만들어 화폐처럼 썼으며 '왜' 즉 일본에도 수출했다는 기록이다. 초기 철기시대 덩이쇠는 요즘의 첨단 반도체나 그 소재와 같다.

부산 복천동 38호 가야고분 유물.
덩이쇠, 화살촉 400개 등의 철제품이 보인다. 부산 복천박물관.

대영박물관, 일본전시실의 백제 관음조각

대영박물관으로 가보자. 여름방학이면 '미어터진다'는 표현이 꼭 어울린다. 전 세계에서 몰려든 탐방객들로 유명열람실은 발 디딜 틈도 모자란다. 대영박물관에는 한국전시실도 운영한다. 이곳을 방문하면 어이가 없어 말문이 막힌다. 반만년 유구한 역사를 소개할 주요 유물은커녕 복제품도 없다. 서울의 국립중앙박물관에 외국인이 몇 명이나 올까? 대영박물관에 쏟아지는 엄청난 세계인이 휑한 한국전시실을 스쳐 지나며 혹여 한국역사와 문화를 텅 비었다고 생각하지는 않을지… 문화재 당국의 분발을 촉구하며 92~94번 전시실, 즉 일본전시실로 간다. 동양 문화와 역사에 관심 있는 탐방객들이 대거 이곳을 찾는다. 이들이 일본 전시실 입구에서 만나는 마스코트와 같은 유물은 무엇일까?

백제 관음상.
6-7세기. 일본 나라 법륭사. 대영박물관 일본
전시실의 입구에 상징처럼 세워 놓았다.
복제품. 대영박물관.

백제 관음상.
나라 법륭사 전시관.

'Kudara Kannon'. '百濟觀音像(백제관음상)'이라는 한자 표기와 함께 대영
박물관이 게시한 설명문을 그대로 인용해 본다.

"구다라Kudara는 한국의 고대 국가 백제를 가리키는 일본어다. 백제
는 530~700년 사이 일본에 불교를 소개하고, 이런 스타일의 불상도 전
한다. 600~700년 사이 만들어진 이 관음상은 일본 나라 법륭사(호류
지)에 있는데 1930년 일본 조각가 니로 추노스케가 복제품을 만들어 이
곳 대영박물관에 전시해 왔다"

일본이 한국으로부터 불교 같은 선진사상은 물론 조각예술을 받아들였
다는 사실을 대영박물관 설명을 통해 전하기 위해 대영박물관 복제품과 법

륭사 진품 사진을 같이 싣는다. 법륭사에는 백제인이 그린 벽화(한때 고구려 담징이 그린 것으로 알려짐)를 간직한 금당도 자리한다. 1400년 넘은 한국인의 벽화 예술이 고스란히 살아 숨쉬는 법륭사 금당 벽화를 통해 일본 문화의 격은 한층 높아졌다. 한반도와 대륙에서 건너간 한국문화가 불교나 조각에만 그칠까?

일본에 종이와 한자, 유학을 전한 백제의 '왕인'

일본 오사카로 가보자. 일본 제2의 도시라는 외형보다 일본 역사의 요람이라는 데 더 큰 방점이 찍힌다. 오사카 시내 한 복판 나니와難波 유적지는 7세기 일본의 궁성이 자리하던 중심부다. 오사카 근교 사카이에는 일본의 거대 고분인 천황의 전방후원분이 두루 분포한다. 역시 오사카 주변에

왕인 묘 전경.
일본 히라가타.

자리하는 아스카, 나라, 교토는 일본 역사무대의 무게추가 도쿄로 기울던 17세기 도쿠가와 막부 이전까지 일본의 심장부였다. 일본왕의 거소 역시 1868년까지 교토였다. 일본 고대사의 중심인 오사카에서 북쪽으로 교토, 동쪽으로 나라의 딱 중간지점에 위치한 히라가타枚方시로 가보자. 오사카에서 버스를 타고 1시간여 달린 뒤, 내려 표지판을 따라 30분여 걸으면 왕인공원王仁公園과 그 뒤로 왕인묘王仁墓가 나온다. 일본에서는 '와니'로 발음하는 왕인이 누구이길래 이름을 따 공원도 만들고 묘지까지 나름 품격 있게 조성했을까?

왕인공원 앞에 일본이 세워놓은 안내판을 그대로 전해본다.

"가까이에 오사카부의 사적으로 지정된 왕인묘가 자리한다. 왕인은 응신천황 시대(5세기 초) 조선반도(한반도) 백제로부터 건너왔다. 응신천황의 아들인 우지메와 게이랏고에게 학문을 가르쳐준 학자로서 『일본서기』(720년 저술된 역사책으로 '일본'이름이 들어간 최초의 문헌)에도 나온다. 또 『고사기』(712년 편찬된 일본 최초의 역사책)에는 '와니기시'라는 이름으로 등장한다."

안내판을 계속 읽어보자.

"『고사기』에는 '왕인이 논어 10권, 천자문 1권을 갖고 왔는데, 학문과 함께 서물(書物, 종이와 먹등 필기도구를 가리킴)을 최초로 전했다'고 나온다. 우리나라(일본)의 학문과 문예의 시조로 '왕인박사'라 불린다"

일본 학문과 문예의 비조, 왕인 무덤과 백제신사

왕인 공원에서 아담한 마을의 민가들을 지나면 왕인묘에 이른다. '오사카 부 지정사적 전왕인묘伝王仁墓'라는 큼직한 석재 입간판 뒤로 '백제문' 현판을 단 깔끔한 한옥 스타일 문이 높이 솟았다. 문 안으로 들어가면 '박사왕인지묘博士王仁之墓'라고 쓴 오래된 묘지석 아래 잔돌로 장식한 평평한 왕인의 무덤이 탐방객을 맞는다. 일본인 스스로 일본 학문의 비조요, 일본 문예의 비조라고 표현하는 백제사람, 아니 한국 사람 왕인의 묘다. 왕인 묘 앞으로 석탑이 서 있다. 석탑의 4면에 새겨진 글자를 보자. 『천자문』, 『논어』. 『천자문』이나 『논어』를 지금의 개념으로 생각하면 곤란하다. 1500여 년 전 『천자문』의 한자는 백제나 일본에서 유일한 문자다.

논어는 지금의 다양한 학문 가운데 하나인 유학의 한 갈래가 아니다. 학

백제왕 신사.
일본 히라가타.

문 그 자체다. 앞서 대영박물관 설명에서 살펴보았듯이 불교라는 새로운 사상을 백제인이 일본에 전해준 것이 530년 이후니 그보다 100여년 앞선 5세기 초 왕인이 일본으로 가 논어를 전할 때는 일본의 표현처럼 최초의 학문이 된다. 일본은 백제인 덕에 비로소 문자를 깨우쳐 학문을 익히고, 제지법을 배웠으며 불교를 받아들여 사상의 다양화를 통해 문화를 꽃피운다. 왕인무덤 앞에는 1999년 이곳을 참배한 김종필 전 총리, 2008년 이곳을 찾은 영암군수가 심은 나무가 자란다.

왕인묘에서 히라가타시 서부를 흐르는 요도강가로 멀지않은 거리에 또하나의 의미 있는 유적지가 기다린다. 도로 옆 언덕바지에 '백제왕신사百濟王神社'가 해질녘 탐방객을 맞는다. 일본말로는 '구다라오 신사'지만, '백제왕百濟王'이라는 한자어가 유난히 친근하게 다가온다. 아마도 백제 멸망 이후 백제 왕실 후예를 기린 것은 아닐까… 백제인이 세웠거나 백제왕실을 기려 만든 것임은 불문가지다. 일본 문화발전에 백제인만 기여했을까?

산둥반도 치산 법화원 장보고와 일본 승려 엔닌

무대를 대륙의 산둥반도로 옮겨보자. 한국과 가장 가깝게 서해바다로 툭 삐져나온 웨이하이에서 남쪽으로 무역항 시다오로 가는 길에 위치한 롱청시 치산 법화원赤山 法华院. 차에서 내려 큼직한 진입문을 지나 산길을 오르면 안쪽으로 사찰건물이 나온다. 그리고 건물에서 다시 뒤로 돌면 탁 트인 서해(황해)와 시다오항이 내려다보이는 산꼭대기에 바다를 응시하며 앉은 거대한 인물상과 마주친다. 뭐든지 크게 만드는 중국답게 한국서 보기 힘든 이 거대한 청동조각의 주인공은 누구일까? 장보고다. 전남 완도에서 태어나 당나라로 건너온 장보고는 당나라 군인으로 활약 한 뒤, 신라인들이 많이 거주하던 이곳에 법화원을 세워 신라인을 보호한다. 이를 기념해 중

치산 법화원.
산둥반도 룽청.

장보고 기념관.
전라남도 완도.

국이 복원한 법화원은 신라 말기 국제교류와 교역이 활발했음을 알려준다.

발길을 전라남도 완도로 돌린다. 말끔히 복원된 청해진이 반겨준다. 장보고는 832년 신라로 돌아와 흥덕왕의 지원 아래 완도에 청해진을 설치하고 당나라, 신라, 일본을 잇는 무역로 보호와 교역 활성화에 헌신한다. 이미 산둥반도에 설치해둔 치산법화원과 청해진을 연계운영하며 장보고는 동아시아 물류의 중심에 선다.

여기서 일본의 승려 엔닌円仁과의 관계를 들여다보자. 엔닌은 838년 일본 천황의 명을 받아 당나라에 온다. 치산 법화원의 도움으로 중국 불교의 주요 성지 가운데 하나인 오대산 순례는 물론 수도 장안에서 산스크리트어를 공부하고 불경도 필사한다.

귀국할 때도 치산 법화원과 신라인의 도움을 얻어 847년 일본 하카다 항

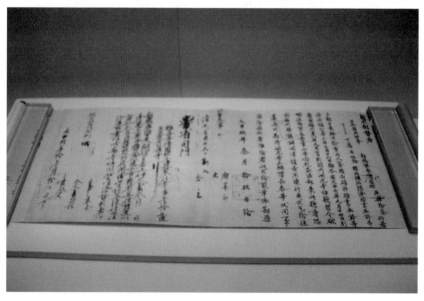

월주 도독부(항저우 아래 위치)가 엔닌에게 발급한 여행허가서.
베이징국가박물관.

으로 돌아간다. 9년 동안의 순례를 기록한『입당구법순례행기入唐求法巡禮行記』는 당시 당나라에서 활약하던 신라인은 물론 장보고의 활동상을 소상하게 기록한 소중한 문화유산으로 평가받는다. 일본 최초로 대사 칭호를 받은 엔닌은 신라인과 장보고에게 입은 은혜를 잊지 않았고, 엔닌의 제자들은 스승의 뜻을 기려 888년 일본에 치산선원을 세운다. 장보고가 일본 승려에게 은혜를 베풀며 지켰던 동북아 해상 무역로는 고려시대 신안 해저 유물선으로 입증된다.

신안 해저 유물선으로 보는 동북아 자유무역

몽골이 중국을 지배하던 대원제국 시기 1323년 6월 중국 항주만의 무역항 경원(오늘날 닝보)을 출발한 길이 28.4m, 너비 6.6m의 중국 무역선이 엔

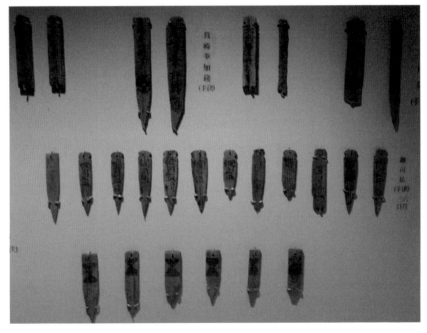

일본선주이름과 물품내역이 적힌 목간.
1321년. 신안 해저 유물선 출토 유물. 국립중앙박물관.

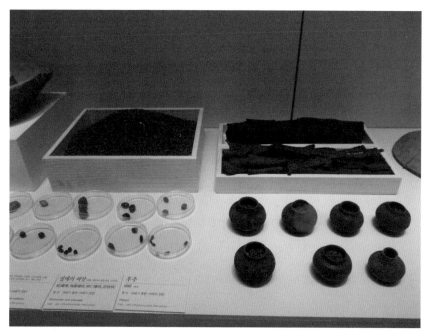

후추같은 향신료.
신안 해저 유물선 출토. 국립중앙박물관.

닌이 귀국했던 하카다로 가던 중 장보고의 청해진이 설치됐던 완도 옆 신안
앞바다에 침몰한다. 650여년이 흐른 1976년부터 1984년까지 11차례 인양
을 통해 다시 햇빛을 본다. 용산 국립중앙박물관에 전시중인 2만2000여점
의 신안 해저 유물 가운데 목간들이 눈에 들어온다.

　일본 화주이름과 물품내역을 적은 목간은 14세기 동아시아 자유무역의
실상을 잘 보여준다. 전시유물은 중국 도자기, 향료, 동전, 구리거울 등인
데, 고려청자도 7점 포함돼 고려 역시 무역루트에 포함돼 있음을 말해준다.
일본은 이렇게 한반도와 오랜 기간 무역과 교류를 통해 발전해 왔다. 조선
시대 대마도에 제공했던 쌀이나 통신사가 전한 문물도 마찬가지다. 일본은
고마운 한국에 1910년 경술국치 침략의 배은망덕으로 답하더니 21세기에
도 경제도발을 감행했다. 한일 평화 선린교류를 다시 생각해 볼 때다.

15. 수도교 로마, 거대한 수도교 세워 도심에 수돗물 공급

"인천 붉은 수돗물은 수도관 벽에서 떨어진 물때와 침전물 때문이다."

환경부가 2019년 인천지역 '붉은 수돗물' 파동 때 내놓은 진상조사결과다. 인천시에 수돗물을 공급하는 서울 풍납취수장과 성산가압장이 전기 점검으로 5시간 가동을 멈춘 사이 다른 곳에서 물을 끌어온 게 화근이었다. 물의 방향이 바뀌면서 상수도관 벽의 때와 침전물이 요동친 거다. 수도관이 그만큼 낡았다는 얘기다. 환경부는 인천의 31곳에서 시료를 채수해 분석한 결과를 매일 공개하기도 했는데, 그만큼 먹는 물이 시민 생활, 위생, 건강과 직결된 문제여서 정부가 바짝 긴장했다는 반증이다. 고대 동서양의 상수도문화로 관심을 돌려 본다. 상수도 문화는 동서고금에 두루 퍼져 있었다. 하지만, 수도교는 로마제국에서만 활용했다. 그만큼 높은 기술력이 요구됐던 로마의 수도교 유적을 만나러 떠나자.

고흐와 세잔, 비제의 예술혼… 프로방스

프랑스 남부지방 프로방스Provence로 가보자. 그림처럼 아름답다. 기후도 연중 온화하다. 겨울에도 수도 파리와 달리 햇빛이 자주 든다. 그러다 보니 예술분야에서 돋보인다. 햇빛을 쫓아 빈센트 반 고흐가 1888년부터 1889년까지 15개월을 살며 고통을 예술로 승화시키던 아를이 먼저 떠오른다. 돈 맥클린의 명곡 '빈센트'의 주인공 고흐는 이곳에서 '론강의 별밤'을 그린 데

아를 로마 극장.
비제의 감미로운 연주곡 '아를의 여인' 선율이 울려 퍼질 것 같은 고즈넉한 분위기다.

이어 이듬해 정신병원에 입원한 상태에서 속편격인 '별밤'을 그리며 절정의 예술세계를 빚어낸다. 비제의 주옥같은 선율 '아를의 여인' 무대도 아를이다. 프랑스 근대 미술의 거장 세잔이 태어나 활약한 엑상 프로방스, 영화의 도시 칸, 비록 자갈 해안이지만 지중해의 낭만이 가득한 니스, 그리스인들이 기원전 6세기 만든 마르세이유, 중세 예언가 노스트라다무스의 고향 베종 라 로멘도 프로방스다.

'프로빈키아'에서 유래한 로마 유적

프로방스라는 이름은 어떻게 나왔을까? 로마인들이 기후조건과 환경이 이탈리아 반도와 비슷한 이곳에 속주(식민지)라는 뜻의 프로빈키아(Provincia, 원래는 통치권이라는 의미)를 세우면서 파생됐다. 그만큼 로마 유적도 많다. 님과 아를의 원형경기장은 로마 콜로세움보다 보존 상태가 좋다.

아를 로마 원형 경기장 외경.

오랑쥬의 로마극장은 지중해 전역에서 가장 규모가 크다. 오랑쥬의 개선문역시 수도 로마에서 보는 콘스탄티누스 황제 개선문과 같다. 건축연대는 오랑쥬 개선문이 앞선다. 프로방스에서 가장 장대한 로마 유적은 압도적인 위용을 뽐내는 수도교水道橋 퐁 뒤 가르Pont du Gard다. 수도교란 수도관이 지나는 다리를 가리킨다.

로마 최대 수도교, '퐁 뒤 가르' 사람과 마차도 지나

프랑스어로 퐁Pont은 다리, 가르Gard는 아비뇽과 님, 아를 사이의 지명이다. 가르 지방에는 가르동Gardon강이 흐른다. 이 가르동 강 계곡을 가로지르는 로마 수도교가 퐁 뒤 가르다. 퐁 뒤 가르에 도착하면 일단 감탄사가 절로 나온다. 울창한 숲속의 계곡에 방금 공사를 끝낸 듯한 거대한 다리가 솟아 있기 때문이다. 퐁 뒤 가르의 규모를 보자. 높이는 무려 48.77m에 이른

퐁 뒤 가르.
계곡 사이 웅장한 모습.

다. 콜로세움과 비슷하다. 3층 구조인데, 1층 아치 높이는 21.87m이고, 다리 길이는 142m다. 2층 아치는 높이 19.5m에 길이가 242m나 된다. 3층 아치 높이는 7.4m, 길이는 275m다. 이 3층 아치 위로 수도관이 놓여 수돗물이 흘렀다.

한 가지 아쉬움이 남는다. 퐁 뒤 가르의 전경을 제대로 보기 어렵다. 강으로 풍덩 들어가면 강 한가운데서 퐁 뒤 가르의 위용을 볼 수 있으련만… 전경사진을 찍을 수가 없으므로 관광엽서 사진으로 전체 윤곽을 보는 수밖에 없다. 퐁 뒤 가르의 위용이 제대로 보인다. 1층 아치는 사람과 마차가 건너다니는 인도교 역할을 겸한다. 마치 댐을 물막이로만 쓰는 게 아니라 꼭대기에 길을 내 사람과 차량이 다닐 수 있도록 한 것과 같다. 지금도 수많은 관광객들이 오가는 2000년 전 로마 수도교 퐁 뒤 가르의 1층 아치 도로 폭은 6.3m다.

퐁뒤 가르 엽서 사진.
사람 크기와 비교돼 수도교의 규모가 잘 드러
난다.

50㎞ 거리 17m 고도차 활용한 평균 경사도 0.034%의 기술력

퐁 뒤 가르의 진면목은 규모에 있지 않다. 당시 물이 시작되는 수원지 위제스에서 도시 님(로마인들이 작은 로마라고 부를 만큼 번영했음)의 저수장까지 길이는 무려 50㎞다. 물론 50㎞가 전부 교량 즉 수도교로 건축되는 것은 아니다. 요즘처럼 땅 속에 관을 묻거나 산에 터널도 뚫어 통과시킨다. 문제는 당시 전동 가압장치가 없어 오직 고도 차이를 이용해 물이 자연스럽게 흐르도록 한 점이다. 물은 중력 때문에 높은 데서 낮은 곳으로 흐른다. 수원지에서 저수장으로 고도가 조금씩 낮아져야 자연스러운 물줄기 흐름이 유지된다.

수도교는 이 문제를 간단히 해결해 줬다. 교각 아치Arch의 높이를 조금씩 낮추면 자연스럽게 고도가 낮아진다. 위제스와 님의 고도차는 해발 76m대 59m. 구불구불 50㎞ 거리에 고도차가 겨우 17m다. 지하구간과 수도교 구간을 합쳐 평균경사도 0.034%를 적용해야 자연스럽게 물줄기가 이어진다. 심지어 일부지점의 경사도는 0.007%까지 낮췄다. 로마의 토목공학 수준에 입을 다물기 어렵다.

이런 기술력을 지휘한 엔지니어는 누구일까? 누구나 한 번쯤 들어 봤을 이름인데 뜻밖에 과학자는 아니다. 뛰어난 전술의 군인이요, 행정가이자 엔지니어였다. 요즘 미술 화실에서 소묘할 때 접하는 두상, 아그리파 장군

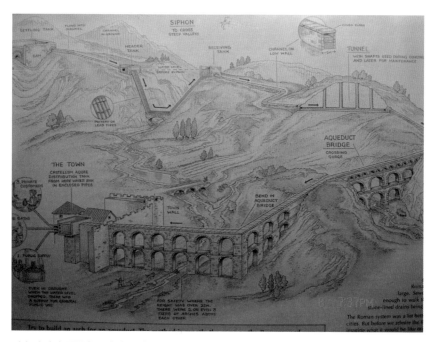

저수장에서 골목수도까지 로마 상수도 시스템 그림.
영국 체스터 박물관.

이다. 로마 초대 황제 옥타비아누스의 절친이자, 부하인 동시에 사위다. 아
그리파 장군이 기원전 19년에 만든 이 퐁 뒤 가르 건축 기술력이 프랑스 땅
에 다시 살아난 것은 18세기 넘어서다.

로마, 기원전 312년 '아피아 수로' 개설로 수도 문화 개막

  님의 수로 50㎞는 그다지 길지 않다. 로마제국의 수도 로마로 가보자. 한
국 관광객은 물론 전 세계 로마 유적 탐방객들이 가장 많이 찾는 콜로세움
앞 콘스탄티누스 개선문에서 남쪽으로 전차 경주장을 향해 300여 미터 정
도 걸으면 높은 교각이 나타난다. '클라우디아 수로Aqua Claudia' 수도교 잔
해다. 38년 칼리굴라 황제 때 시작해 52년 클라우디우스 황제 때 완공됐다.
로마인들은 일찍부터 위생문화를 발달시켜 상수도를 활용했다. 거대한 공

로마 시가지 클라우디아 수로의 수도교 잔해.

공시설과 화려한 도시주택인 도무스가 제구실을 다하려면 깨끗한 물이 필요했다. 처음에는 도시를 가로지르는 티베르 강물을 사용했지만, 도시인구와 하수가 늘어 티베르 강물이 오염됐다. 강물을 더 이상 식수로 사용할 수 없게 되자 로마는 도심에서 멀리 떨어진 깨끗한 상수원을 찾아 나섰다.

기원전 312년 로마 최초의 장거리 포장도로 '아피아 가도Via Apia'가 등장한다. 수도 로마에서 카푸아(훗날 그리스로 가는 항구 브린디시)까지 도로다. 공사 책임자는 아피우스 클라우디우스 가이쿠스. 그는 도로와 함께 수로도 만들었다. '아피아 수로Aqua Apia'라고 부른다. '아피아'는 공사 책임자 '아피우스'에서 따온 말이다. 길이는 16㎞였다. 이때는 지상에 수로를 만들거나 수도관을 매설하는 방식이었다. 자연경사를 이용해 물을 끌어오면서 언덕경사를 내려간 물이 관성의 법칙에 따라 반대편 언덕으로 치고 올라가는 '사이펀의 원리'도 이용했다.

로마, 기원전 144년 수도교 공법 채택 91㎞ '마르키아 수로' 개설

　로마 인구가 늘어 수원지가 더 필요해졌다. 로마는 기원전 272년 두 번째로 '아니오 수로Aqua Anio'를 만들었다. 길이는 63㎞다. 수로 거리가 길어지자 수로의 고도를 조절할 수 있는 수도교가 대안으로 떠올랐다. 기원전 144년 등장한 '마르키아 수로Aqua Marcia'는 수도교 공법을 적용한 최초의 수로다. 수도교 구간을 포함해 수원지에서 로마까지 전체 수로 길이는 무려 91㎞에 이른다. 이어 기원전 125년 18㎞짜리 '테풀라 수로Aqua Tepula'를 만들었다. 기원전 1세기쯤에 제국으로 성장한 수도 로마로 각 속주에서 노예와 주민이 대거 유입돼 인구도 폭증했다. 기원전 1세기~기원후 1세기 5개의 수로가 더 건설됐다. 난숙기에 접어든 아치 건축공법의 수도교를 지어 가능한 일이었다.

　이어 109년과 226년에 하나씩 더 건설해 모두 11개의 수로가 수도 로마

스페인 세고비아 로마 수도교.

의 갈증을 풀어줬다. 로마는 정복한 속주에도 수로와 수도교를 만들었다. 전략적, 상업적으로 원하는 지역 어느 곳에나 로마도시를 만들 수 있었던 비결은 수도교다. 북아프리카 튀니지 카르타고, 이스라엘 카이세리아, 터키 이스탄불과 페르게, 스페인 타라고나와 메리다, 세고비아 등지의 수도교가 그렇다.

80㎞ 길이의 북아프리카 카르타고 수로 수도교

한니발의 고향인 북아프리카 튀니지 카르타고로 가보자. 튀니지는 아프리카 북단 한가운데서 지중해 쪽으로 툭 삐져나와 이탈리아 반도와 가깝다. 기원전 146년 3차 포에니 전쟁(로마-카르타고 전쟁)에서 승리한 로마군은 카르타고를 잿더미로 만든다. 100여 년이 흐르고 카르타고의 전략적 위치

로마 수도교.
스페인 지중해안 타라고나.

와 비옥한 토지를 눈여겨본 카이사르가 로마도시로 일으켜 세운다. 5세기 게르만 반달족의 침략과 7세기 이슬람의 침략을 거치며 파괴된 카르타고는 바닷가 모래사장에 묻힌다. 폐허 카르타고에서 육지 쪽으로 이슬람시대 건설한 도시가 현재 튀니지의 수도 튀니스다.

카르타고 폐허에는 다양한 로마 유적이 지금도 남아 있는데, 수도교도 마찬가지다. 카르타고의 수원지 자구안은 바닷가에서 내륙으로 80여㎞ 떨어졌다. 해안 카르타고까지 수로를 만들었다. 여기에 세운 수도교가 지금도 군데군데 우뚝 솟아 장엄한 정경을 연출한다. 이물질이 물에 섞이지 않도록 수도교 꼭대기 수로를 밀폐시킨 터널 형태 구조가 이채롭다.

로마의 수도교, 적군 침략루트 된다는 이유로 파괴

로마의 위생문화를 상징하는 수로와 수도교는 언제 자취를 감췄을까? 476년 서로마제국이 멸망한 뒤, 6세기 초 동로마제국의 유스티니아누스 황제는 게르만족의 손에서 잠시 이탈리아 반도를 되찾았다. 이때 동로마 장군 벨리사리우스는 게르만족과 대치하면서 수도교를 파괴하거나 아치 교각 위 수로터널을 막아버렸다. 터널을 통해 게르만족들이 시가지로 잠입해 올 수 있다는 걱정 때문이었다. 군사적인 이유로 로마의 수도교가 문을 내린 거다. 물론 초원에 천막 치고 살던 게르만족은 세련된 로마의 위생문화와 거리가 멀어 물을 쓸 일도 많지 않았다. 지금도 사용 중인 로마 시대 수로가 하나 있기는 하다. '비르고 수로Aqua Virgo'. 음용수는 아니다. 15세기 만든 로마의 명물 트레비 분수에 물을 대준다. 수도교 없이 지하수로만 남았다. 수원지에서 수로와 수도교를 통해 도시로 온 수돗물이 어떤 과정을 거쳐 주민들에게 공급되는지 다음 글에 살펴본다.

16. 수도관 백제도 로마도 깨끗한 물의 상수문화

2019년 여름 서울 문래동과 인천의 붉은 수돗물, 충남 청양의 우라늄 수돗물이 파문을 일으켰다. 서울시는 정수한 음용수 아리수를 나눠주는 긴급조치에 나섰고, 서울시 의회는 727억 원의 노후 수도관 긴급 교체 자금을 2019년 추경에 포함시켰다. 환경부는 5-10년 주기로 수도관을 청소하는 등의 내용을 담은 수돗물 종합대책을 연말까지 마련한다며 민심을 달랬다. 그만큼 수돗물은 민감하다. 세계보건기구WHO는 2019년 북한 인구의 3분의 1이 안전한 식수를 제공받지 못한다는 보고서를 냈다. 깨끗한 물에 대한 경각심이 그 어느 때보다 높아지는 즈음 백제도 사용했던 상수관, 인류의 수도 풍속을 들여다 본다.

백제인이 사용하던 위생문화 상징 수도관

백제 무왕(재위 600~641년) 시기 왕궁으로 조성된 것으로 알려진 전북 익산시 왕궁리 유적지로 가보자. 기단부 계단을 올라서면 드넓은 궁궐터가 직사각형으로 펼쳐진다. 그 한가운데 국보 289호 왕궁리 5층 석탑이 한국 석탑 특유의 작지만, 단아한 조형미를 뽐낸다. 이곳 궁궐터에서 땅에 묻힌 채 발굴된 특이한 유물이 눈길을 끈다. 진흙을 구워 만든 토관土管이다. 토관의 일부가 맞은편 왕궁리 유적 전시관에서 탐방객을 기다린다. 상수관으로 썼을 가능성이 높다. 백제 시대 궁성에서 상수관을 통해 맑은 물을 공급받아

토관 노출상태(강당지 하부)

전북 익산시 **왕궁리 유적 출토 백제 토관**.
왕궁리 유적 전시관.

썼다는 얘기다.

영화 '로마의 휴일'에 나오는 진실의 입

미남배우 그레고리 펙과 세기의 연인으로 칭송되던 오드리 헵번 주연 영화 '로마의 휴일'. 1955년 제작된 이 영화를 80년대 초반 안방극장을 통해 보며 멋진 로맨스를 꿈꾼 청춘은 필자만이 아니었으리라. 로마에서 특파원으로 일하던 미국 기자역의 그레고리 펙과 지중해 가상 소왕국의 왕녀로 분한 오드리 헵번이 데이트를 즐기던 로마 스페인 계단 등은 지금도 전 세계 관광객이 몰려 60년을 훌쩍 넘은 명화의 추억을 되살려 낸다.

그중 한 곳이 로마 관광의 중심지 로마 포럼에서 도보로 30분여 거리에 있는 티베르 강가의 산타 마리아 인 코스메딘 성당이다. 여기에 그리스로

라 보카 델라 베리타.
진실의 입. 로마 산타 마리아 인 코스메딘 성당.

마 대양의 신 오케아누스(혹은 바다의 신 포세이돈의 아들 트리톤)을 상징하는
얼굴 조각이 놓였다. 일명 진실의 입. 라틴어로 라 보카 델라 베리타La Voca
della Verita. 손을 넣었다 빼며 잘린 것처럼 엄살떠는 그레고리 펙의 능청에
속은 오드리 헵번이 그레고리 펙의 품에 안기는 장면에서 많은 이들의 가
슴은 덩달아 뛰었는데… 흔히 로마 시대 하수구 뚜껑이라고 알려졌지만, 정
반대로 상수도의 물이 나오는 수도 주둥이일 가능성이 더 크다. 어떻게 알
수 있을까?

폼페이 골목수도 주둥이, '진실의 입'과 같은 모습

무대를 로마의 생활 풍속이 그대로 남아 있는 폼페이로 옮겨보자. 79년
나폴리 근교 베수비오 화산폭발 때 화산재와 돌덩이에 묻혔다 발굴된 폼페

이의 주택과 골목 풍경은 2000년 전 그대로다. 시가지 곳곳에 난 골목을 따라 걸으면 공동수도시설을 만난다. 도시 외곽 수원지에서 수도교를 통해 시가지로 온 물은 정수장에 일단 머문다. 폼페이 정수장은 시가지 북쪽 성벽에 자리한다. 정수장부터는 각 골목으로 상수도관을 묻는다. 이 수도관을 통해 공급된 수돗물이 집집마다 부엌이나 화장실로 들어갔을까?

폼페이 유적을 보면 그렇지 않다. 비록 로마가 뛰어난 위생문화를 자랑하지만, 집집마다 수도관을 묻어 공급할 정도는 아니었다. 수도는 골목까지였다. 골목에 설치한 공동수돗물을 받아썼다. 폼페이 골목수도를 보면 진실의 입보다 작지만, 유사한 형태의 조각이 수도 주둥이 역할을 하고 있음을 확인한다. 이런 골목 공동수도는 폼페이 근처 로마도시 에르콜라노는

공동수도와 사람형상 수도 주둥이.
폼페이 거리.

물론 수도 로마의 지중해 관문이자 항구도시 오스티아로 가도 온전한 형태로 탐방객을 맞는다.

그리스 수도 사자형상 주둥이 도자기

로마는 그리스 문화를 받아들여 발전시켰다. 목욕을 비롯한 상수도 위생문화 역시 마찬가지다. 그리스 문명의 우물 유적은 그리스의 코린토스, 키프로스의 아마투스, 터키의 페르게 유적지에서 만날 수 있지만, 폼페이나 오스티아처럼 수도가 옛 모습 그대로 남아 있지는 않다. 하지만, 아쉬움을 달래주는 유물이 파리 루브르박물관에서 기다린다. 도자기에 그린 당시 풍속도. 아낙들이 물 긷는 장면이 도자기에 그림으로 살아남았다.

그리스 공동수도 물 긷는 풍경을 담은 도자기 그림.
기원전 6세기. 루브르박물관.

기원전 510년 제작된 흑색인물기법 도자기에는 진실의 입과 비슷한 형태로 사자 머리 조각을 한 공동수도 주둥이가 보인다. 여기서 떨어지는 물을 단지 히드라Hydra에 담거나, 히드라를 머리에 이고 떠나는 여인들 모습이 웬일인지 친숙하다. 60-70년대 물동이 머리에 이고 다니던 시골 아낙들 모습과 판박이다. 물 긷는 여인들 입담으로 왁자지껄한 정경까지 닮았다. 루브르의 기원전 480년 경 제작된 백색인물 기법 도자기에도 여인 1명이 공동 수도 주둥이에서 떨어지는 물을 히드라에 긷는 모습이 담겼다.

그리스 수도와 물탱크 물 긷는 도자기

런던 대영박물관으로 가보자. 이탈리아 반도 중부의 고대 에트루리아 도시 불치에서 출토한 기원전 510년 경 그리스 도자기가 루브르에 전시중인 동시대 흑색인물기법 도자기와 똑같은 수돗가 풍경을 펼쳐 보인다. 공동 수도의 기둥을 중심으로 좌우 양쪽에 사자머리 형상을 한 수도 주둥이가 달려 있고, 거기에서 흘러나오는 물을 여인들이 히드라에 담는다.

대영박물관에는 또 이탈리아 반도 남단 놀라에서 출토한 기원전 430년경 그리스 도자기그림이 그리스 상수도 문화의 색다른 측면을 보여준다. 기원전 3세기까지 이탈리아 반도 남단은 로마인이 아닌 그리스인들이 살았다. 그들이 각지에 도시국가를 건설했고, 이들을 합쳐서 대그리스 연방, 마그나 그라이키아Magna Graecia라고 불렀다. 오늘날 이탈리아 남단에 많은 그리스 신전을 비롯한 유적이 남고, 유물이 출토되는 이유다. 놀라에서 출토된 그리스 도자기는 물탱크로 추정되는 장소에서 넓적한 물 저장소 칼피스Kalpis로 물이 흐르고, 여기서 물을 히드라에 받는 여인 2명의 모습을 담았다. 수도꼭지에 해당하는 주둥이가 화려한 조각은 아니지만, 여러 개 달린 모습이 이채롭다.

그리스 물 저장소 칼피스의 수도 주둥이 도자기 그림.
기원전 430년. 대영박물관.

피스톤 장치 갖춘 로마 청동 물 펌프와 납관

대영박물관은 로마 수도문화의 높은 기술수준을 보여주는 특이한 수도
관도 전시중이다. 흙을 구워 빚은 수도관 사이로 청동 수도관이 탐방객을
맞는다. 이탈리아 로마에서 피렌체로 가는 중간지점 볼세나에서 출토한 3
세기 로마시대 청동 수도관은 피스톤 2개와 밸브를 갖춘 물 펌프의 일부다.
로마시대 수도관이 단순히 물을 흘려보내는 수준에 그치는 게 아니라, 필요
에 따라 물의 흐름을 차단하거나 조절하는 고도의 기능을 갖춘 시설이었음
을 보여준다.

로마에서 주로 활용한 수도관의 재질은 납이었다. 지금도 지중해 연안
로마 도시 곳곳의 유적에서 땅속에 매설된 형태의 납관이 출토된다. 폼페
이에 가도 골목에 묻혀 있는 납수도관을 확인할 수 있다. 대영박물관은 물

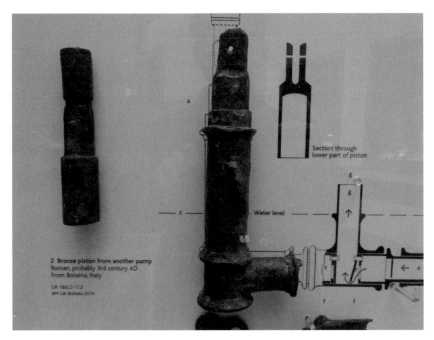

로마 청동 수도 펌프관.
3세기. 대영 박물관.

론 영국 체스터 박물관, 이스탄불 고고학 박물관등 각지 박물관에서도 납수
도관을 만난다. 일부에서는 로마인들이 납을 수도관으로 활용해 납중독에
걸렸다는 주장도 나온다. 청동이나 납 외에 돌로 수도관을 만들기도 했고,
가장 흔한 것은 흙을 구워 만든 도기 토관이었다. 토관은 흑해 연안 케르치
의 로마 도시를 비롯해 지중해 각지 유적지에서 출토되는 유물이다.

터키 이스탄불 예레바탄 저수장

2016년 10월 개봉한 톰 행크스 주연 영화 '인페르노'. 단테의 '신곡'에 나
오는 지옥을 의미하는 인페르노에서 톰 행크스는 하버드대 기호학자 로버
트 랭던 교수 역을 맡아 흥미진진한 추리 액션의 정수를 선보인다. 영화 마
지막에 긴박한 수중 액션을 찍은 곳은 어디일까? 터키의 역사문화도시 이

예레바탄 내부.
터키 이스탄불. 6세기.

스탄불 '예레바탄 사라이(지하궁전)'다. 모두 336개의 아름다운 코린트 양식, 도리아 양식 기둥으로 받쳐진 이 실내공간은 다름 아닌 로마시대 저수장이었다. 6세기 동로마 제국을 절정의 번영으로 이끈 유스티니아누스 황제 때 7천여 명의 인력을 동원해 만들었다.

시가지 북쪽으로 약 20㎞ 떨어진 베오그라드 숲에서 수도교를 통해 끌어온 수돗물을 보관하던 저수장 규모는 길이 143m, 폭 65m, 높이 9m에 달한다. 최대 8만 톤의 물을 저장할 수 있었다. 메두사 머리조각을 받침대로 쓴 기둥도 2개나 있어 많은 탐방객에게 신비한 이미지를 선사하는 저수장에서 로마의 위생문화, 수도문화의 진면목이 들여다보인다. 하지만, 영화에 나오는 것처럼 이곳에 많은 물이 현재 저장돼 있는 것은 아니다.

카르타고의 거대한 격납고형 정수장

　북아프리카 튀니지로 가보자. 한니발의 카르타고 유적이나 유물도 볼 수 있지만, 카이사르 이후 로마 도시로 발전하며 로마 유적도 많이 남겼다. 그중 지중해 전역 어디서도 볼 수 없는 드넓은 규모의 터널형 로마 저수장은 압도적이다. 마치 비행기 격납고를 보는 듯한 이 저수장 가득 수돗물을 채웠다가 시내 각지로 보냈다. 카르타고 저수장 물은 80㎞ 떨어져 있는 수원지 자구안에서 왔다. 지금도 군데군데 남아 있는 거대한 수도교를 통해서다. 격납고형 저수장은 카르타고 뿐 아니라 튀니지에 있는 로마도시들, 막타, 불라 레지아등에도 규모는 작지만 똑같은 형태로 남아 로마의 수도문화를 증언한다.

카르타고 저수장.
거대한 격납고 형태다.

중앙아시아 사마르칸트, 중국 고대 상수도관

수도문화는 중앙아시아로도 퍼졌다. 아랍 이슬람 세력은 동로마 제국을 정복하면서 동로마제국의 수도와 위생문화를 받아들여 이슬람 제국 내 각 도시로 전파시켰다. 알렉산더의 처가동네인 우즈베키스탄 사마르칸트도 마찬가지다. 아프라시압 궁정유적박물관으로 가면 10세기경 수도관들을 접할 수 있다.

이제 무대를 중국으로 옮겨보자. 백제 왕궁리처럼 중국에도 상수도 문화를 알려주는 유물이 남아 있을까? 베이징의 국가박물관부터 가보자. 유약을 발라 구워 방수 처리한 4~5세기 남북조 시대 도자기 상수도관 유물을 전시중이다. 중국 고대문명의 위생문화 수준을 잘 보여준다. 베이징 교외 유

사마르칸드 상수도관.
10세기. 아프라시압 궁정유적박물관.

유약을 발라 구운 도자기 상수도관.
4-5세기 남북조 시대. 베이징국가박물관.

리하 서주연도유지 박물관으로 가면 전국시대(기원전 403~기원전 221년) 진흙을 구워 만든 수도관 유물이 기다린다. 고대 중국 춘추시대(기원전 770~기원전 403년) 주나라 수도이던 뤄양에서는 지하에 매설된 춘추시대 상수도관이 거대한 규모로 발굴됐다. 시안 산시성박물관으로 가면 춘추시대 상수도관을 실물로 전시중이다. 중국의 상수도 문화는 여기서 더 거슬러 올라간다. 중국 갑골문자의 기원으로 평가받는 상나라(은나라, 기원전 16~기원전 11세기)의 수도 은허에도 수도관 유물이 남아 유구한 중국의 상수도 문화 실상을 전해준다.

셋
전쟁과 정치

17. 종전 전쟁을 화해로, 평화 조약의 인류 역사

우리 역사문화유산을 잿더미로 만든 왜군의 만행흔적을 찾아 일본 교토로 가보자. 전범 도요토미 히데요시豊臣秀吉를 기리는 '도요쿠니진자豊國神社' 앞에 귀무덤耳塚, 혹은 코무덤(鼻塚)이 임진왜란의 비극을 처연하게 담아낸다. 왜군이 조선사람 귀나 코를 베, 소금에 절여 가져다 무덤을 만들었으니 한민족 수난이 배어난다. 7년을 끌며 강토와 문화를 초토화시킨 임진왜란을 조선은 어떻게 갈무리했을까?

김정은과 트럼프가 '평화와 고요'라는 뜻의 센토사(싱가포르)에 이어 베트남에서 2019년 2차 정상회담을 가졌다. 전쟁상태를 종식시키지도 '평화와 고요'를 되찾지도 못했지만, 언젠가는 그런 날이 올 것이다. 인류사 평화협정의 역사를 되짚어본다.

조선통신사, 임진왜란 뒤 평화와 국교회복

전주시 한옥마을로 가보자. 유려한 외관의 풍남문을 돌면 왼쪽으로 경기전慶基殿이 나온다. 태종은 1410년 부왕 태조 이성계의 어진御眞을 모시는 건물을 전주에 짓고, 경기전이라 불렀다. 세종은 1445년 경기전에 전주사고全州史庫를 설치하고 실록을 봉안했다. 1592년 임진왜란 때 오직 전주사고 실록만 관민의 헌신적인 노력으로 살아남았다. 그 덕에 우리는 온전하게 조선 역사를 읽고, TV 사극을 본다.

TV 사극을 떠올리며 부산항에서 쾌속선을 타고 1시간 10분이면 대마도 북단 히타카츠항, 1시간 50분이면 대마도 남단 이즈하라항에 닻을 내린다. 이즈하라에 대마도주 소宗씨 가문이 살던 성이 자리한다. 고종의 딸 덕혜옹주가 결혼한 집안이다. 성 근처 박물관 입구에는 조선통신사를 기리는 기념비석, 박물관에는 조선통신사 일행을 그린 화첩이 조선-일본 외교의 전설을 들려준다. 조선통신사는 1413년 태종 13년 첫발을 떼 임진왜란으로 중단될 때까지 8차례 파견됐다.

임진왜란 뒤 일본의 요구로 조선통신사가 부활의 날개를 편다. 1607년 선조 40년 정사 여우길을 포함해 504명의 조선통신사가 대마도와 본섬 시모노세키를 거쳐 도쿄의 도쿠가와 막부 쇼군 도쿠가와 히데타다를 만나 국

조선통신사 기념비.
대마도 박물관.

교 정상화의 물꼬를 튼다. 1609년 광해군 1년 일본과 13개조의 기유약조己酉約條, 일종의 평화조약을 맺는다. 1636년 인조 14년 파견한 조선통신사는 여진족 청나라 견제를 모색했으니 적이 우방이 되는 냉엄한 국제관계 현실을 보여준다. 1811년 조선통신사가 대마도에서 멈춘 것을 끝으로 모두 20차례의 조선통신사는 중단되고, 이후 흥선대원군 때 단절된 국교는 결국 일제의 조선침략으로 이어진다. 교류와 외교의 중요성을 새삼 일깨운다.

베르사유, 세계대전 종전과 프랑스-독일협력

프랑스 파리에서 북동쪽 60여㎞ 거리 우아즈Oise강가에 콩피에뉴 Compiègne라는 작은 도시가 나온다. 울창한 '콩피에뉴 숲Forêt de Compiègne' 속 기차 기념관이 백년 세월을 넘어 탐방객을 맞는다. 철로 끝에 초라한 건물처럼 보이는 이 기차에서 1918년 11월 11일 오전 11시 1차 세계대전 정전협정이 맺어졌다. 1914년 9월 1일 시작된 전쟁은 12월 크리스마스 전에 끝날 것이란 예상과 달리 4년 넘게 끌며 무려 1000만 명이 숨지거나 다친 미증유의 대참사였다. 작은 기차에서 마무리 지을 전쟁이었건만…

이번에는 무대를 파리 남서쪽 20㎞ 지점의 베르사유 궁전으로 옮겨보자. 한국 관광객도 많이 찾는 베

1차 세계대전 종전 조인 열차 기념관.
프랑스 콩피에뉴.

베르사유 궁전 거울의 방.
1919년 6월 28일 1차 세계대전 강화조약 체결장소.

르사유 궁전 거울의 방은 콩피에뉴 숲 기차에서 조인된 정전협정에 따라 이
듬해 1919년 6월 28일 전후처리 평화조약을 맺은 장소다. 비록 과도한 부담
에 짓눌린 독일의 반발로 2차 세계대전이라는 또 한 번의 비극을 거치지만
결국 프랑스와 독일은 유럽평화와 번영을 위해 적에서 친구로 손잡으며 오
늘에 이른다. 프랑스의 독일 국경지대 베르덩에는 두 나라의 진정한 화해
를 기리는 기념물이 자리한다.

　베르사유 조약은 우리민족에게는 쓰라린 경험이었다. 미국 대통령 우드
로 윌슨이 1918년 1월 제시한 '평화원칙 14개조' 그중에서도 5조 '주권평등
과 민족 자결주의'는 대한의 우국지사들을 열광시켰다. "모든 민족과 국가
가 자유와 안전을 보장받고, 더불어 살 권리를 갖는다"며 국제연맹 창설을
주도한 윌슨은 '영구평화론'을 주창한 엠마누엘 칸트의 재림처럼 여겨졌다.

하지만, 구두선口頭禪, '빛 좋은 개살구'로 끝난다. 8개 국어를 구사했다는 진보적 민족주의자 김규식을 대표로 파리를 찾은 대한민국 임시정부 사절단은 승전국 일본을 비롯한 제국주의자들 잔치에 베르사유 거울의 방에는 입장도 못했으니 말이다.

파르테논 신전, 평화협정 산물에서 관광대국 상징으로

그리스 아테네를 찾는 탐방객들이 맨 먼저 보고 싶어 하는 유적은 아크로폴리스의 파르테논 신전이다. 소크라테스가 거닐던 고대 아고라의 판아테나이카 도로를 가로질러 귀족회의가 열리던 아레오파고스 바위를 지나면 가파른 오르막 돌계단 위로 '숫처녀 신전'이라는 뜻의 파르테논 신전이 위용

파르테논 신전.
기원전 448년 아테네-페르시아 평화조약 체결 뒤, 재건.

을 뽐낸다. 기원전 490년 마라톤 전투에서 페르시아를 물리친 아테네는 수호여신 아테나에게 감사의 뜻으로 파르테논 신전 공사에 들어갔다. 하지만 기원전 480년 당시 지구촌 최대제국 페르시아가 눈엣가시 아테네를 굴복시키기 위해 쳐들어왔다. 스파르타 300결사대가 아테네 북부 테르모필레 전투에서 전원 숨지며 페르시아의 진격을 늦춘 틈을 타 아테네는 살라미스 섬으로 피신했다. 이때 아테네를 점령한 페르시아가 신전을 파괴했다.

아테네는 해군을 활용해 살라미스 해전에서 페르시아를 격파한다. 물러난 페르시아와 아테네는 이후 30년 넘게 으르렁 거리며 지중해 각지에서 부딪친다. 그러다 기원전 448년 아테네의 칼리아스가 이끄는 사절단이 페르시아와 평화 조약을 맺는다. 기원전 1세기 시칠리아에 살던 그리스 역사가 디오도로스는 당시 칼리아스의 이름을 따서 '칼리아스 화약'으로 불렀다고 적는다. 40년 넘게 지속된 전쟁을 종식시킨 이 협약으로 평화를 되찾은 아테네는 이듬해 기원전 447년 파괴된 파르테논 신전 재건에 들어간다. 9년만인 기원전 438년 완공하고, 기원전 432년까지 외부장식을 마친 뒤, 오늘까지 그대로다. 평화를 원했던 아테네인들이 2천500여 년 뒤 후손들에게 관광대국의 밑천을 물려준 셈이다.

이집트 람세스2세, 히타이트와 80년 전쟁을 평화로

터키는 1차 세계대전 패전국으로 유럽과 아시아 영토 대부분을 잃는다. 에게해, 지중해의 모든 섬도 마찬가지다. 제정이 붕괴되고, 공화정을 이끈 케말 파샤는 수도를 이스탄불에서 아나톨리아의 중심 앙카라로 옮긴다. 앙카라에서 동쪽으로 200여km 가면 보아즈칼레(일명 보아즈쾨이)라는 마을 뒤편 유적지 하투샤가 나온다. 3500년 전 지구상 최초로 철기문화를 꽃피운 히타이트의 수도다.

1986년 유네스코 세계문화유산으로 지정된 하투샤에는 거대한 성벽과 다양한 건물 유적이 남아 강력한 기마전차 군단의 위용을 뽐내던 히타이트의 전설을 피워낸다. 이곳에서 1906년 독일과 터키 연합 발굴팀이 찾아낸 작은 점토판이 고대 이집트와 히타이트의 역사는 물론 전쟁 뒤에 평화를 더 갈망했던 인류의 염원을 오롯이 전해준다. 3점인데 1개는 베를린으로 가져갔고, 2점을 이스탄불 고고학 박물관에 전시중이다. 점토판을 보러 이스탄불 토카프 궁전 제국의 문을 지나 왼쪽 이스탄불고고학박물관으로 가보자. 한국관광객도 많이 찾는 곳이다. 트로이와 그리스로마의 주옥같은 유물을 지나 히타이트 전시실의 '이집트-히타이트 평화협정 점토판'을 보자.

  히타이트와 이집트는 중간지대인 오늘날 레바논과 시리아 일대 페니키아 도시들 관할권을 놓고 카데시 전투(기원전 1275년, 브리태니커 사전)를 벌인다. 이집트왕은 즉위 5년째를 맞은 29살의 혈기방장한 람세스 2세다. 람세스 2세는 2만 명의 군대와 2000대의 전차를 4개 군단으로 나눠, 오늘날 시리아 땅 오론테스 강변의 운하도시 카데시로 간다. 히타이트 무와틸리스 2세는 4만 명 병력에 3000대의 전차군단을 이끌고 왔다.

  초기 히타이트가 기습작전으로 우세했지만, 곧 팽팽한 백중세, 지루한 공방전 끝에 휴전을 맺는다.

이집트-히타이트 평화협정 점토판.
이스탄불고고학박물관.

이후 간헐적 출동을 계속하지만, 어느 쪽도 상대를 제압하지 못한다. 무와틸리스 2세의 아들, 즉 조카를 내쫓고 왕이 된 하투실리스 3세는 람세스 2세에게 평화를 제안하고, 마침내 16년만인 기원전 1259년 평화조약을 맺는다. 람세스 2세의 부친 세티 1세는 물론 그 전 18왕조부터 따지면 80년 가까이 이어지던 양국 갈등과 전쟁은 이렇게 끝난다.

이집트-히타이트 평화협정은 결혼과 상호원조동맹

평화조약은 쐐기문자로 점토판에 기록됐고, 히타이트 수도 하투샤 문서고에서 발굴된 거다. 람세스 2세는 조약을 이집트 수도 룩소르의 카르낙 아몬신전, 람세스 2세 장제전인 라메세움, 람세스 2세 신전인 아부심벨 벽면에 새겼다. 물론 자신에게 유리하게 각색해서다. 전쟁을 평화로 바꾼 양측은 실질적 평화를 담보할 조치를 취한다. 히타이트 공주가 람세스 2세 왕비로 갔으니 결혼동맹이다. 훗날 알렉산더도 페르시아 추종세력을 중앙아시아 소그디아나에서 굴복시킬 때 적장 옥시아르테스의 딸 록사나와 결혼하며 기원전 327년 전쟁을 마무리 짓는다. 백제 동성왕도 493년 신라 왕족 여성과 결혼하며 결혼동맹으로 고구려 위협에 맞서지 않았던가.

기원전 1246년 이집트로 시집온 히타이트 공주는 이집트식 이름으로 마트호르네페루레. 하투실리스 3세는 기원전 1239년 경 또 다른 딸을 람세스 2세에게 보낸다. 먼저 결혼한 딸이 숨지자 취한 조치로 보인다. 람세스 2세가 죽고 아버지를 이어 파라오가 된 13번째 아들 메르네프타(재위 기원전 1212~기원전 1202년)는 동맹을 이어간다. 히타이트가 극심한 가뭄으로 식량난에 시달리자 상호원조 조항에 따라 곡물을 보내준다. 이집트의 비옥한 나일강 하구는 밀의 주생산지로 오리엔트의 곡창구실을 했다. 적에서 결혼동맹, 원조동맹으로 하나 된 모습은 고대의 훈훈한 미담에 그치지 않는다.

카데시 협약.
아카드어 쐐기문자 큰 조각. 기원전 13세기. 이스탄불 고고학박물관.

1970년 터키가 조약 점토판 복제품을 만들어 유엔UN에 기증했고, 유엔은 세계평화와 협상을 상징해 뉴욕 본부건물에 이를 내걸었으니 말이다.

지구상 가장 오래된 평화협정, 기원전 2250년 메소포타미아

파리 루브르박물관으로 가보자. 흔히, '이집트-히타이트 평화협정'을 지구상 최초의 평화협정으로 알고 있지만, 그렇지 않다. 수메르를 물리치고 메소포타미아를 장악한 아카드 왕국의 나람신 왕과 메소포타미아 동쪽 이란고원지대 엘람 왕국 히타 왕이 기원전 2250년 맺은 조약 점토판이 지금까지 알려진 최초다. 프랑스 고고학팀이 엘람 왕국의 수도이던 이란 수사에서 출토한 유물이다. 인류는 전쟁이라는 갈등도 있지만, 곧 평화로 번영을 되찾는 역사를 이어왔다. 1953년 징전협정 체결 67년이 지나도록 전쟁

히타이트 왕 투드할리야와 타르훈타사 왕 쿠룬타 사이 평화조약을 담은 청동판.
히타이트 쐐기문자 사용. 기원전 1235년 앙카라 아나볼리아 문명박물관.

을 끝내지 못하고 대결상태인 북한과 미국이 온고지신의 평화정신을 발휘해 친구가 될 수 있을지 기대해본다. 미국과 무려 11년 동안 잔혹한 전쟁을 치렀지만, 적에서 친구가 된 베트남 회담도 있지 않은가. 남과 북은 하나의 민족이다.

메소포타미아 아카드 왕 나람신의 승리 비석.
기원전 2250년 경. 루브르박물관.

인류사 최초 평화조약.
아카드왕국 나람신왕과 엘람왕국 히타왕 사이 평화조약 B.C 2250. 루브르박물관.

18. 화약 최무선의 화약기술 국산화, 국난을 극복하다

전라북도 장수군 소백산맥에서 발원한 금강은 401km를 흐르며 전라북도와 충청남북도를 풍요롭게 적신다. 이어 충청남도 서천과 전라북도 군산의 경계를 이루며 서해로 흘러든다. 금강이 서해 군산만 앞바다에 이르는 지점에 1990년 군산과 서천을 잇는 둑을 쌓았다. 금강하굿둑이라 부른다. 둑 남쪽에 조성된 군산시민공원이 푸근하게 탐방객을 맞아준다. 공원 한가운데 높이 솟은 탑으로 가보니 좀 특이하다. 흰 탑 아랫부분에는 장수와 병사들 조각, 탑 꼭대기에는 큼직한 화포의 몸통, 즉 포신을 올려놨다. 장수와 병사들 앞에도 화포가 보인다. '진포 대첩 기념탑'이라는 안내문구가 눈에 들어온다.

군산 금강하굿둑 진포 대첩 기념탑

때는 고려 말 1380년으로 거슬러 올라간다. 대마도 일원에서 활동하던 왜구들이 고려를 침략해 약탈을 일삼는다. 해안지대뿐 아니라 내륙에도 들어와 큰 피해를 입힌다. 심지어 수도 개경까지 노략질하는 무법천지가 이어진다. 왕실의 안위까지 위협받는 상황이었다. 치고 빠지는 왜구출몰에 고려 조정은 골머리를 앓는다. 전 국토를 봉쇄할 수도 없는 상황에서 고려는 속수무책으로 당한다. 기고만장 날뛰던 왜구가 가장 큰 규모로 쳐들어온 때가 1380년이다. 왜구 1만여 명이 300척의 선단을 이뤄 서해 바다로 몰

진포 대첩 기념탑.
군산 금강하굿둑 시민공원.

려 왔다.

쌀과 재물을 약탈하며 고려사회를 수렁으로 몰아갈 즈음. 고려 조정에서
비장의 카드를 꺼내 정벌군으로 내려보낸다. 한국 역사 최초의 화포 무장
병선 100여 척이 앞장선다. 고려 수군의 화포 공격에 왜군 함선 300척은 모
조리 불타 가라앉는다. 30여 년 가까운 왜구와 전투에서 전환점을 이루는
결정적인 승리다. 진포대첩이라 부른다. 배를 잃고 육지로 달아난 왜구들
을 이성계가 남원 황산대첩에서 모조리 쓸어낸다. 이성계는 이후 고려군부
의 실권자로 올라선다. 수군의 화포 공격, 진포대첩의 주역은 누구인가?

『조선왕조실록』도 높이 평가하는 최무선의 화포활약

국사편찬위원회가 인터넷을 통해 제공하는 『조선왕조실록』 가운데 태조
실록 7권, 태조 4년 4월 19일 첫 번째 기사를 보자. 진포대첩이 있은 지 15

년 뒤인 1395년이다. 기사 제목은 이렇다. '검교참찬檢校參贊문하부사 최무선 졸기' 최무선의 죽음에 관한 내용이다. 본문을 보자.

"왜구소탕은 태조의 덕이 하늘에 응한 까닭이나, 무선의 공 역시 작지 않았다. 조선 개국 후에 늙어서 쓰이지는 못했으나, 임금이 그 공을 생각하여 검교참찬을 제수하였다."

조선을 건국한 지 3년 밖에 된 시점의 기사다. 새로 나라를 일군 태조의 공만 칭송해도 모자를 판에 최무선의 공을 공식적으로 높게 평가한다. 그만큼 최무선의 활약이 컸음을 말해준다. 최무선은 어떻게 고려와 조선 두 나라에서 모두 공을 인정받는 화포의 주역이 됐을까?

화약통.
조선 후기. 국립진주박물관.

태조실록을 좀 더 읽어보자.

"무선의 본관은 영주요, 광흥창사廣興倉使 최동순의 아들이다. 천성
이 기술에 밝고 방략이 많으며, 병법을 말하기 좋아했다. 일찍이 말하
기를, '왜구를 제어함에는 화약火藥 만한 것이 없으나, 국내에는 아는 사
람이 없다.' 무선은 항상 강남江南에서 오는 상인이 있으면 곧 만나보고
화약 만드는 법을 물었다. 어떤 상인 한 사람이 대강 안다고 대답하므
로, 자기 집에 데려다가 의복과 음식을 주고 수십 일 동안 물어서 대강
요령을 얻은 뒤…"

이 내용에서 두 가지 사실에 주목하자. '광흥창사', '강남 상인'.

최무선과 예성강 벽란도의 광흥창

먼저 광흥창사를 살펴보기 위해 강화도로 가보자. 김포대교를 건너 강화
읍을 지난 뒤, 섬 최북단으로 올라가면 양사면 철산리에 강화 평화전망대가
나온다. 북쪽으로 바다 건너 북한 땅 예성강 하구가 보인다. 여기서 고려수
도 개성까지는 40리 길이다. 16㎞란 얘기다. 개성을 둘러싸는 송악산의 험
준한 산세가 희미하지만 웅장한 모습으로 비친다. 예성강 하구에 자리했던
항구 이름은 벽란도다. 조선과 달리 고려는 신라나 발해를 이어 해외무역
을 활발히 펼쳤다. 그 무역 중심지, 국제교역항구가 벽란도다. 벽란도는 또
전국에서 수도 개성으로 오는 모든 물자의 최종 집결지였다. 무엇보다 각
지에서 받은 세곡이 벽란도로 운송됐다. 요즘으로 치면 인천국제공항이자
김포국제공항, 서울역, 인천항, 이 모든 것을 합쳐 놓은 곳이 벽란도다.

예성강 하구 벽란도와 송악산.
배미동과 해량골 일대가 벽란도이다. 강화 평화전망대 전시실.

　벽란도와 광흥창사의 관계를 들여다보자. 고려 4대 임금 광종(재위 949~975년) 때 과거시험을 시행하면서 한국 역사에 관료제가 뿌리내린다. 고려조정은 관리들의 녹봉을 관리하는 관청을 둔다. 이를 좌창이라 불렀다. 1308년 충선왕 때 광흥창으로 이름을 바꾼다. 최무선의 아버지는 광흥창사, 그러니까, 광흥창을 책임지는 관리使였다. 광흥창은 어디에 설치 됐을까? 조선시대에도 그대로 이어진 광흥창 제도를 보면 유추할 수 있다.

　무대를 서울 지하철 6호선 광흥창역으로 옮긴다. 광흥창역. 그렇다. 조선시대 수도 한양의 관문이던 마포 양화진. 그 포구 옆에 광흥창을 설치해 전국 각지에서 모이는 세곡을 쌓아뒀다. 오늘날 주소지로는 마포구 창전동이다. 한양의 항구인 한강 양화진과 그 옆 광흥창, 개성의 항구인 예성강 벽란도, 그렇다면 고려의 광흥창도 벽란도에 있었다는 얘기다. 최무선의 부친은 벽란도 혹은 근처에 살았고, 최무선은 어려서부터 벽란도에 익숙했을 터

공민왕 사당.
조선 광흥창 옆에 세웠다. 마포구 창전동.

이다. 관리가 된 뒤에도 벽란도를 통해 화약 제조법을 익히려 했을 것으로
보인다.

최무선과 강남 상인 접촉지 벽란도

이제 강남 상인을 살펴보자. 벽란도는 고려의 국제 무역항으로 중국, 일
본, 동남아시아, 멀리 이슬람 상인도 드나들던 항구도시다. 최무선이 강남
에서 오는 상인을 만나면 화약제조법을 물었다는 기록에서 강남은 중국 양
쯔강 남쪽을 가리킨다. 양쯔강 남쪽은 오늘날 상하이 남쪽으로 저장성이
다. 성도는 예부터 아름다운 풍광으로 이름 높은 항저우다. 이 저장성에 동
아시아 최대 무역항 영파(경원, 오늘날 닝보)가 자리한다. 고려시대 전라도 신
안에 침몰한 해저 무역선의 출항지도 바로 이 영파다. 강남 상인을 개성에
서 만났을 수도 있지만, 그보다는 벽란도에 가서 만났을 가능성이 높다.

1325년 생 최무선이 벽란도를 다니던 젊은 시절 중국은 몽골족의 대원제 국(1271~1368년) 지배시기였다. 대원제국은 중앙아시아는 물론 페르시아, 러시아까지 광범위한 교통로를 갖고 교류하던 무역의 나라다. 따라서, 최 무선이 40대 중반까지 만난 대원제국 시절 양쯔강 이남 영파에서 오는 강 남 상인은 한족은 물론 몽골인, 서역에서 오는 아라비아나 페르시아 상인도 포함된다. 물론 필담이 가능한 한족 상인이었을 가능성이 크다. 한족 상인 이었을 가능성이 높은 이유는 또 있다. 화약의 최초 발명지가 중국이기 때 문이다.

중국이 발명한 화약, 몽골 통해 유럽으로

당나라 때인 8세기 화약을 발명한 중국 한족은 송나라 때 11세기 '화약요 자작火藥窯子作'이라는 기관을 두고 화약을 만든다. 증공량이 1044년 쓴 『무 경총요武經總要』에는 화약으로 쏘는 무기를 소개할 정도로 발전하며 12세기 화포를 선보인다. 송나라 북쪽에 인접한 나라 서하 역시 1220년대 화포를 생산한다. 이 무렵 서하를 공격하며 중국으로 내려온 몽골도 화약을 받아 들인 것은 물론, 이슬람 세계와 동유럽 정복지로 전파시킨다.

울란바토르 몽골역사박물관으로 가면 몽골군이 화약을 활용한 일종의 포를 발사해 성을 불태우는 그림을 전시중이다. 무적 몽골군 승리의 비결 가운데 하나가 화약이었던 셈이다. 몽골이 세운 대원제국은 1288년부터 화 포를 활용하고, 1293년 인도네시아 자바섬 정벌 때 배에 화포를 실은 것으 로 알려져 있다. 1350년대 대원제국에서는 화포를 활용한 전투가 일상화 됐고, 1368년 대원제국을 물리친 한족의 명나라 역시 마찬가지였다.

13세기 말 몽골 덕에 중국 화약을 배운 유럽은 더 적극적으로 무기를 발 전시킨다. 프랑스와 영국의 100년 전쟁 중 1346년 크레시 전투에서 영국

화약을 활용한 무기로 적의 성을 불태우는 몽골 군대 그림.
울란바토르 몽골역사박물관.

은 포를 사용해 효과를 본다. 프랑스 역시 1422년 즉위한 샤를 7세 때 바퀴로 이동시키는 대포를 만들어 낸다. 1429년 잔 다르크가 활약한 오를레앙 전투에서도 대포가 쓰였다. 1453년 이슬람 세력인 오스만 튀르크는 콘스탄티노플 함락과정에 포의 힘을 빌렸다. 서양은 1480년대 성능과 효율이 뛰어난 대포나 개인 총기를 만들기 시작하며 화약의 원조인 동양을 앞서 나간다. 이후 동양 문화권은 큰 틀에서 서양의 영향력 아래 들어간다. 1543년 포르투갈 상인이 일본에 조총을 전한 것은 유럽으로 간 중국 화약이 총으로 변해 되돌아온 사건이다. 일본은 조총을 앞세워 조선을 단숨에 제압했지만, 화포를 만들지는 못했다. 평양성 전투에서 일본이 명나라와 조선의 화포에 고전하다 결국 철수한 것은 명나라와 조선의 화포가 앞서 있었음을 말해준다.

관료이자 무신이기도 했던 최무선은 화약을 무기로 써야 한다는 고려 사

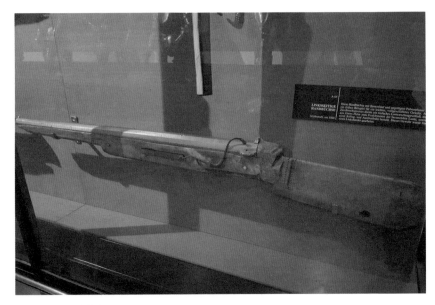

서양의 1500년경 총.
비엔나 무기 박물관.

화약 다지개.
조선 후기. 국립진주박물관

회 최초의 탁월한 안목을 갖고 벽란도에서 강남 상인을 만난다. 중국에서 화약을 단순히 수입하는 것이 아니라 자체 생산하고자 집요하게 나섰던 이유다. 화약 생산을 위한 기술습득은 쉽지 않았다. 태조실록에서 밝히고 있듯이 강남 상인만 오면 물었다지만, 화약기술자가 흔하지 않았을 터이다. 또 그런 고급기술을 쉽게 가르쳐 줄 리도 만무했다. 최무선이 기술을 안다는 상인을 자기 집으로 데려가 의복과 음식을 제공하며 기술을 터득하려 시도한 데서도 잘 드러난다. 최무선이 배우고자 한 것은 염초를 추출한 뒤, 유황과 목탄을 혼합해 폭발력을 높이는 배합비율이었다. 최무선에게 이를 알려준 강남 상인은 한족 상인이자 기술자인 이원李元으로 알려져 있다.

조정 설득해 화약국 설치한 최무선

화약제조기술을 완벽하게 가다듬기 위해서는 국가적 지원이 필요했다. 하지만, 안목이 없던 고려 조정의 관료들은 관심을 두지 않았다. 중국에서 화약이 주로 폭죽놀이용이었고, 고려 역시 이를 수입해 같은 용도로 활용하면 된다는 식이었다. 무기로 쓴다는 최무선의 아이디어를 허황된 것으로 여겼다. 태조실록을 더 보자.

"도당都堂에 말하여 시험해 보자고 하였으나, 모두 믿지 않고 무선을 속이는 자라 하고 험담까지 하였다."

중국 상인으로부터 기술을 얻어 나름 확신을 갖고 시험해 보자는 말조차 받아들여지지 않았던 것이다. 동서고금에 타성에 젖은 공직사회에서 혁신을 일으키기란 쉽지 않다. 계란으로 바위치기다.

'왜구를 물리치는 길은 화약밖에 없다'는 최무선의 신념은 결국 열 번 찍어 안 넘어 가는 나무 없다는 결론에 이른다. 고려 조정의 고위 관료들도 마침내 최무선의 집념과 노력에 감복해 일단 들어주기로 결론 내린다. 태조실록을 마저 읽자.

"여러 해를 두고 헌의獻議하여 마침내 성의가 감동되어, 화약국火藥局을 설치하고 무선을 제조提調로 삼아 마침내 화약을 만들어 내게 되었다.”

공민왕이 죽고 그 아들 우왕 3년인 1377년 최무선의 건의로 화약과 화기의 제조를 담당하는 '화통도감火筒都監'이 설치된다. 오늘날 국방과학연구소라고 할까.

최무선, 다양한 화포 개발해

최무선은 국가 지원 아래 고품질의 화약을 대량생산하는 길을 튼다. 이어 본인이 구상하던 화약의 병기화 즉 무기제조로 격을 높인다. 화약을 활용하는 다양한 화포를 만들었다고 태조실록은 적는다.

> “그 화포는 대장군포大將軍砲・이장군포二將軍砲・삼장군포三將軍砲・
> 육화석포六花石砲・화포火砲・신포信砲・화통火㷁・화전火箭・철령전鐵翎
> 箭・피령전皮翎箭・질려포蒺藜砲・철탄자鐵彈子・천산오룡전穿山五龍箭・
> 유화流火・주화走火・촉천화觸天火 등의 이름이 있었다. 기계가 이루어
> 지매, 보는 사람들이 놀라고 감탄하지 않는 자가 없었다.”

한민족 역사 최고의 국방과학기술자로 평가해도 모자람이 없는 최무선에 대한 조선왕조실록의 평가다. 이때는 아직 서유럽에서도 중국에서 받아들인 화약을 사용한 실효적인 대포를 생산하지 못하던 일종의 시험기였다. 최무선이 위대한 이유다. 최무선이 국란 극복사에 이름을 남기는 이유는 더 있다. 육상에서 다양한 화포는 이미 11세기 송나라에서 개발돼 중국에서 쓰였고, 14세기 서유럽에서도 비록 허술한 형태지만 고려에 앞서 활용됐다. 최무선은 새로운 도전에 나선다.

화포 활용한 해전 대승… 1380년 진포 대첩

태조실록을 보자.

"또한 전함을 만드는 방법을 구하고 연구해 도당에 말한 뒤 직접 제
조를 감독했다又訪求戰艦之制, 言於都堂, 監督備造"

최무선은 화포를 육상이 아닌 해전에서도 활용할 방도를 계산에 넣고 있
었던 것이다. 왜구는 배를 타고 침략해 들어온다. 그 왜선을 격침시키기 위
해서다. 각종 화포를 성공적으로 개발한 뒤, 이를 활용할 전함도 만든 최무
선에게 기회는 바로 찾아온다. 대한민국 역사 최초로 화포를 사용할 해전
의 기회. 앞서 살펴본 1380년 진포대첩이다. 태조실록에는 이 내용이 자세
하게 나온다.

진포대첩비의 화포.
군산 금강하굿둑 시민공원.

천자총통, 별황자총통.
국립진주박물관.

"가을에 왜선 3백여 척이 전라도 진포에 침입했을 때 조정에서 최무선
의 화약을 시험해 보고자 하여, 최무선을 부원수에 임명하고 도원수 심
덕부, 상원수 나세와 함께 배를 타고 화구火具를 싣고 바로 진포에 이르렀
다… 왜구가 화약을 알지 못하고 배를 한곳에 집결시켜 힘을 다하여 싸우
려고 하였으므로, 무선이 화포를 발사하여 그 배를 다 태워버렸다"

최무선이 기술로 나라를 구한 거다. 진포대첩이 화포를 활용한 인류 역
사 최초의 해전일까?

세계 해전사에 길이 남을 진포대첩, 이순신으로 계승

기원전 5세기 고대 그리스 펠로폰네소스 전쟁 때 화염방사기가 사용됐
다. 물론 화약은 아니었다. 화약을 활용한 최초의 해전은 중국에서 펼쳐진
다. 당나라가 무너진 뒤 5대10국 시대 919년 낭산강狼山江 전투다. 하지만,

포르투갈 전함 모형.
16세기. 리스본 해양박물관.

화포로 적선을 불태우는 해전은 중국에서도 1363년이 처음이다. 대원제국 말기 홍건적의 난을 주도하며 명나라를 일군 주원장이 장시성 파양호鄱陽湖 해전에서 화포를 쏘며 승리한 거다. 진포대첩은 이로부터 17년 뒤이니 화포를 활용한 전쟁 역사 초기 전투로 세계 전사에 남을 해전이었다. 유럽에서는 이보다 100여년 늦어 15세기 중반을 지나며 함선에 포를 싣기 시작하고 16세기 전함이 등장한다.

조선시대 만든 다양한 화포들과 임진왜란 때 화포를 갖춘 거북선 등의 전함은 그 기원을 최무선에 둔다. 최무선의 화약과 화포 제조기술이 그대로 조선에 이어졌으니 말이다. 태조실록은 이를 증명한다.

비격진천뢰.
조선시대. 국립진주박물관.

"아들이 있으니 최해산崔海山이다. 무선이 임종할 때에 책 한 권을 그 부인에게 주고 부탁하기를, '아이가 장성하거든 이 책을 주라' 하였다. 부인이 잘 감추어 두었다가 해산의 나이 15세에 약간 글자를 알게 되어 내어주니, 곧 화약을 만드는 법이었다. 해산이 그 법을 배워서 조정에 쓰이게 되어, 지금 군기소감軍器少監으로 있다."

왜구를 묘사한 16세기 명나라 그림

베이징 천안문 광장의 국가박물관으로 가보자. 최무선이 화약과 화포를 활용해 물리친 왜구. 그 왜구의 모습을 볼 수는 없을까? 있다. 베이징국가박물관에는 중국 저장성에 침략한 왜구와 명나라 군대가 전투를 벌이는 16세기 그림을 전시중이다. 옷을 벗고 훈도시만 찬 채 창을 들고 달려드는 왜구의 모습이 우리가 흔히 연상하던 대로다. 왜구가 탄 배가 생각보다 무척 작다. 작은 배를 타고 중국 해안까지 노략질 하러 다닌 왜구의 극성스러움이 잘 묻어난다.

왜구의 역사를 간단히 정리해 보자. 왜구는 대한해협의 대마도, 이키섬, 마쓰우라 등을 근거로 활동한 해적집단을 가리킨다. 13세기부터 16세기까지 무려 400년 가까이 이어졌다. 1223년 고종 때 김해 지방에 처음 나타난 것을 시작으로 1265년까지 11차례 침략한 것으로 기록된다. 이후 잠잠하다 1350년 충정왕 때 다시 나타났고, 우왕(재위 1374~1388년) 때 재위 14년 동안 무려 378차례나 쳐들어온다. 1366년 공민왕 때 사신을 일본 아시카가 막부에 보내 협조를 부탁하고, 우왕 때 1375년과 1377년에는 정몽주가 일본으로 가 잡혀간 고려인 포로를 데려 오기도 한다.

진포대첩 뒤, 1389년 창왕 1년, 조선으로 넘어와 1396년 태조 5년, 1418년 세종 1년에 대마도 정벌이라는 발본색원의 강수를 둔다. 하지만, 왜구는

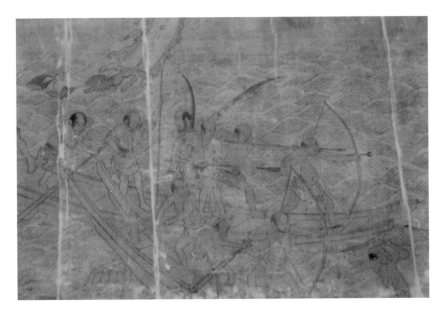

저장성을 공격하는 왜구 그림.
1555년. 베이징국가박물관

조선 중기까지 이어지면서 조선을 괴롭힌다. 앞서 명나라 저장성 해안 전투 그림에서 보듯 중국 저장성 해안도 극심한 피해를 입는다. 왜구는 임진왜란을 계기로 17세기 사라진다.

19. 조총 여인 희생으로 조총 얻어 대륙을 겨눈 일본

선조 23년 1592년 4월 나고야에 지휘소를 차린 도요토미 히데요시가 진군 명령을 내린다. 1592년 4월 12일 대마도를 떠난 고니시 유키나가는 13일 부산진에 닻을 내려, 부산진 첨사 정발의 항전을 무력화시킨다. 14일 온천물로 이름 높은 동래성으로 올라온다. 고니시는 동래성문 앞에서 다음과 같은 글귀를 써 펼쳐 보인다.

"전즉전戰卽戰부전不戰가아도假我道" 즉, 싸울 테면 나와 싸우고 아니면 길을 비켜 달라는 최후통첩이다. 성 위에서 이를 바라보던 청주 출신의 동래부사 송상현이 이내 큼직한 글귀를 써 아래로 펼친다. "전사이戰死易가도난假道難" 싸워 죽기는 쉬워도 길을 내주기는 어렵다는 말이다. 그 다음 무슨 일이 벌어졌을까? 방비 없던 조선이 당한 국난, 임진왜란에서 조선이 초기 패배한 이유 가운데 하나는 일본의 신무기 조총이다.

송상현의 충절 동래 동헌… 전사이가도난 충렬사

결사항전의지를 밝힌 송상현은 순절하고 만다. 애국심으로 저항하던 조선 군사들도 왜군의 조총세례에 허무하게 무너졌다. 요원의 불길처럼 진군하는 왜군 기세 앞에 24일 순변사 이일이 상주에서 패하고, 29일 도순변사 신립은 충주 탄금대에서 배수의 진을 치다 목숨을 잃는다. 마침내 5월 2일 수도 한양이 왜군 수중에 떨어진다. 선조는 북으로 몽진하고 도성은 불탄다. 4월 28일은 충무공 이순신 탄신일이다. 4월과 5월은 이처럼 우리에게 임진왜란의 흑역사를 짙게 드리운다. 임진왜란은 조총鳥銃과 떼놓을 수 없다. 일본은 어떻게 조총을 손에 넣었을까?

조총에 무너진 임진왜란 전적지

부산광역시 동래구 안락동으로 가보자. 동래성에서 왜군에 맞서던 송상현을 비롯해 순국장병들의 위패를 모시는 충렬사가 자리해 호국의 뜻을 기린다. 조선 병사들이 순

동래부 순절도.
송상현과 조선 장졸들이 왜군에 맞서던 모습을 복원한 그림. 국립진주박물관.

국한 바로 그 자리에 세운 거다. 충렬사 입구에는 이를 기려 '전사이 가도난'이라는 송상현의 글귀를 큼직하게 새겨놓았다. 근처 복천동에는 송상현을 비롯해 동래성 전투에서 숨진 병사들 넋을 기리는 송공단宋公壇이 마련됐다. 동래부 전투에 앞서 부산진 전투에서 첨사 정발과 함께 순국한 병사들은 정공단鄭公壇에 따로 모셔 기린다.

이번에는 동래구 수안동으로 가보자. 좁은 시장 골목으로 한옥 건물이 나타난다. 동래부 동헌. 동래부사가 정무를 돌보던 곳이다. 송상현이 이곳에서 군사를 정비해 고니시가 이끄는 왜군에 대항한 것일까? 정확한 진상은 알기 어렵다. 송상현이 집무하던 동헌은 임진왜란 때 소실되고 현 건물은 임진왜란이 끝난 지 30여 년도 더 지나 인조 14년 1636년 동래부사 정양필이 지었다. 정3품 당상관 동래부사가 근무하던 동래부는 대일 외교나 왜

충렬사.
'전사이 가도난'이라는 송상현의 글귀를 새겨놓았다.

구문제 처리에서 중요한 곳이어서 규모도 컸다.

신립, 천혜의 요충지 조령 버리고 탄금대 배수진

충주시 실금동 남한강으로 가보자. 탄금대彈琴臺가 자리한다. 대가야의 우륵이 신라 진흥왕에 귀의하자, 진흥왕은 새로 정복한 변경지역 국원성(충주)으로 보낸다. 여기서 우륵이 가야금을 탔다고 해서 탄금대라는 이름이 붙었다. 하지만, 우리 역사에는 우륵의 가야금 전설보다 임진왜란 당시 신립 장군이 배수의 진을 쳤다 전멸한 장소로 더 널리 알려졌다.

유성룡의 기록에 따르면 당초 천혜의 요충지 조령에서 왜군을 막으려 하던 계획을 포기한 신립이 탄금대 배수진 작전을 폈고, 훗날 조선출신으로 명나라 원병사령관이 돼 참전한 이여송이 신립의 전술에 안타까워했다고 적는다. 신립과 많은 조선병사들이 왜군의 조총에 속절없이 무너진 쓰라린

탄금대.
소나무숲 아래 푸른 강물이 절경이다. 많은 조선병사들이 수장된 곳이다.

패전을 아는지 모르는지 무심한 강물은 아름다운 산세를 배경으로 오늘도
말없이 흐른다.

　경기도 이천 시가지에서 신둔면으로 넘어가는 길목에 '기치미 고개'가 있
다. 탄금대에서 수습한 신립의 시신을 실은 마차가 이 고개를 지날 무렵 "어
흠"하는 큰 기침 소리를 냈다고 해서 '기치미 고개'라 부른다. 기치미 고개를
넘으면 넓고개(광현)다. 구한말 조선 의병이 일본 침략군에 저항하던 투쟁
의 장소다. 넓고개 너머 광주시 곤지암에 평산 신씨 문중묘가 곤지암천이
바라다 보이는 터에 조성됐다. 영의정에 추증된 신립은 이곳에 묻혔다. 조
선에 상륙한 고니시의 1군이 부산진에서 정발, 동래부에서 송상현, 탄금대
에서 신립을 제압하며 길을 열자 4월 18일 가토 기요마사의 2군, 구로다 나
가마사의 3군이 차례로 상륙해 북으로 치고 올라온다. 일본의 고니시군은
평양을 함락시키고, 가토의 군대는 함경도로 진출해 함흥을 거쳐 회령까지

차지한다.

도요토미 히데요시, "명나라로 가는 도로 만들어라"

　도요토미 히데요시는 나고야에 10만 명을 남기고, 20만 명을 보내 이런 성과를 냈다. 도요토미 히데요시의 본거지는 오사카다. 오사카를 방문하면 당시 거대했던 오사카성의 윤곽을 볼 수 있다. 일본의 성은 우리와 달리 성벽 둘레에 방어용 물길, 해자(垓字)를 판다. 이 해자의 규모에서 거대한 성의 면모가 드러난다. 도요토미 히데요시가 죽은 뒤, 도쿄 거주의 도쿠가와 이에야쓰에게 도요토미 지지 세력이 패하면서 오사카성은 대부분 훼손됐다. 그럼에도 해자, 육중한 성벽, 도요토미가 살던 꼭대기 천수각은 장엄한 모습으로 남아 일본의 문화를 전해준다.

오사카성 천수각.
도요토미 히데요시의 거처.

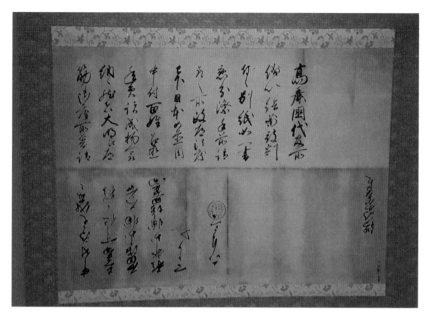

명나라로 가는 도로와 자신이 거처할 곳을 만들라는 도요토미 히데요시의 명령이 담긴 주인장. 복제품. 국립진주박물관.

일제시대 일본의 지배 경험을 가진 우리는 일본을 역설적으로 과소평가하는 부분이 있다. 이는 위험하다. 상대를 정확하게 알아야 극복하는 길이 생긴다. 진실을 외면한 채 상대를 낮추기만 하는 것은 소아병적이다. 일본의 능력을 전혀 알아차리지 못한 채 조선 침략 위험을 애써 깔아뭉개며 상황을 유리하게 해석하던 선조나 당시 무능한 조정 권력자들과 다를 바 없다. 도요토미 히데요시가 원한 것은 중국 명나라 정복이었다. 도요토미가 조선 출병 장수들에게 명한 문서를 보면 중국으로 가는 도로를 조속히 개설하라는 내용이 나온다. 아울러 자신이 진두지휘할 거처를 마련하라는 명령도 내린다. 단순한 조선정복이 목표가 아니라 조선에 상륙해 명나라로 가는 전투를 지휘하겠다는 의도가 읽힌다.

일본 규슈 남단 다네가시마 섬 철포 전래지

도요토미는 중국 정복의 야욕을 당시 필리핀의 스페인 총독, 인도 고어지방 포르투갈 총독에게도 내비친다. 일본은 꽉 막힌 조선과 달리 어떻게 명나라 정복의 꿈을 키우고 세계 각국과 통교할 수 있었을까? 규슈 최북단 후쿠오카에서 신칸센을 타고 규슈 최남단 가고시마로 먼저 간다. 가고시마는 일본 개항을 이끈 개화파의 본거지로도 이름 높다. 제주도보다 훨씬 남쪽이어서 기후도 온화하고 무엇보다 거대한 화산에서 연기가 피어오르는 모습이 이국적이다. 가고시마에서 배를 타고 다시 남쪽으로 2시간여 달리면 다네가시마 섬이 나온다. 우리말로 종자도種子島. 남아시아에서 일본으로 처음 고구마가 전래된 곳이고, 조선 후기 우리에게 고구마가 전해진 것도 이곳을 통해서다.

다네가시마 섬에서 다시 최남단으로 차를 타고 가면 바닷가에 일본의 우주과학기지이자 우주선 발사기지가 나온다. 우리로 치면 전라남도 나로도 비슷한 곳이다. 우주기지 근처 바닷가에 철포전래지 기념공원이 자리한다. 조총을 일본에서는 화승총火繩銃, 혹은 철포鐵砲라고 부른다. 겁 없는 사람을 '무대뽀'라고 하는데, 일본말 무철포無鉄砲(무데뽀)다. 총도 없이 목숨 내놓고 함부로 행동하는 사람을 가리킨다. 조총은 하늘을 나는 새鳥를 떨어뜨린다는 명나라식 이름이다. 공원에는 뜻밖에 포르투갈 해군이 1983년 이곳에 세운 기념물이 보인다. 포르투갈 상선 상륙기념비라고 쓰어 있다. 무슨 사연일까?

향료 무역 포르투갈-스페인 경쟁이 세계일주 길 열어

일본이 철포 즉 조총을 입수하게 된 경위는 포르투갈과 맞물린다. 1498년 포르투갈은 바스코 다 가마의 인도항로 발견에 이어 1505년 인도 고어

철포전래지 기념 공원.
조총을 든 일본 무사의 모습을 조각했다. 다네가시마 섬.

지방을 식민화한다. 이어 1511년 말레이시아 반도 남부지방을 점령해 말라
카라고 부르면서 식민화에 성공한다. 인도네시아 보루네오 섬일부도 포함
한다. 포르투갈은 1641년 네덜란드에 패할 때까지 말라카를 식민지로 경영
한다. 당시 말레이반도의 이슬람 왕국은 명나라에 조공을 바치는 조공국이
었다. 따라서 명나라는 자신의 조공국 말레이시아를 공격한 포르투갈에 강
력 항의하고 포르투갈의 사절 23명을 광주에서 참살시킨다.

포르투갈의 항해가 호르게 알바레스는 1513년 포르투갈 해군과 함께 오
늘날 홍콩과 마카오에 상륙한다. 이후 포르투갈인들은 지속적으로 상인을
보내 중국과 교류를 요청하고 거점을 마련한다. 1521년에는 명나라 군대와
군사충돌을 벌이다 쫓겨났다. 그럼에도 포르투갈 상인들의 지속적인 상륙
과 상업 행위에 마침내 1554년 명나라는 포르투갈과 협약을 맺고, 1557년

임대료 받으며 마카오를 무역기지로 내준다.

　1512년 포르투갈은 말라카 서쪽으로 진출해 인도네시아 술라웨시 섬과 파푸아 뉴기니 섬 사이의 몰루카(말루쿠) 제도와 교역에 나선다. 호두와 비슷하게 생긴 육두구nutmeg의 껍질을 말린 메이스mace는 음식에 넣는 최고의 향신료로 평가받아 포르투갈 무역의 핵심 품목이 된다. 이 무렵 포르투갈의 향신료 무역에 종사하던 마젤란이 문제가 생겨 스페인으로 넘어간다. 마젤란은 몰루카 제도로 가는 동쪽 항로를 포르투갈이 장악하고 있으니, 서쪽으로 돌아 몰루카로 가자고 스페인 왕에게 제안한다. 지구가 둥글다는 전제 아래다. 1522년 마젤란은 그렇게 대서양을 거쳐 태평양이라는 바다를 돌아 몰루카 제도로 오는 인류사 최초의 지구일주 탐험을 성공시킨다. 마젤란이 필리핀에서 죽지만, 그의 부하들이 스페인으로 돌아가 가능한 일이

포르투갈 해군이 1983년 세운 포르투갈 상선 다네가시마 상륙 기념비.
다네가시마 섬.

었다.

1542년 스페인 탐험가 빌라로보스는 스페인 왕 필립 2세의 이름을 따 '필립의 섬'이라는 뜻으로 '라스 일라스 필리피나스'라는 이름을 붙였고, '필리핀'이란 이름은 거기서 나왔다. 1565년 스페인이 필리핀을 식민화하기 전에는 포르투갈 역시 필리핀을 오갔다. 이 무렵 1543년 인도네시아 몰루카 제도를 돌아 필리핀을 거쳐 마카오로 가던 포르투갈 상선이 그만 태풍에 휘말린다. 요즘 우리나라를 강타하는 태풍도 주로 여기서 발생한다. 태풍에 밀린 포르투갈 상선이 대만과 오키나와를 지나 일본 규슈 남단 다네가시마 섬에 표류한 것이다.

포르투갈 상인에게 시집간 효녀 덕에 기술 받아

포르투갈 상선이 표류해올 당시 다네가시마 섬 지배자는 16살 청년 도키다카時堯. 그는 포르투갈 상인이 갖고 있던 조총의 위력을 간파하고 거액을 들여 2정을 사들인다. 포로로 잡아 강제로 취할 수도 있었지만, 교역의 개념으로 파악한 일본의 당시 가치관이 놀랍다. 도키다카는 이어, 부하를 시켜 1년여 만에 조총의 자체제작에 성공한다. 다네가시마 섬 철포 박물관에 당시 일본 최초로 만든 조총의 복원품을 전시중이다. 도키다카는 1544년 이 조총을 상급 영주에게 바친다. 전국시대 각지 영주들이 치열한 전쟁을 펼치던 일본에서 조총은 전쟁방식에 커다란 변화를 가져온다. 조총을 선택한 오다 노부나가는 1575년 나가시노 전투에서 경쟁세력을 물리치고 전국시대 패권을 장악했고, 오다 노부나가가 암살된 뒤 그 지위를 도요토미 히데요시가 쥔 것이다. 내전을 종식시킨 도요토미 히데요시는 1592년 조선 침략을 단행한다.

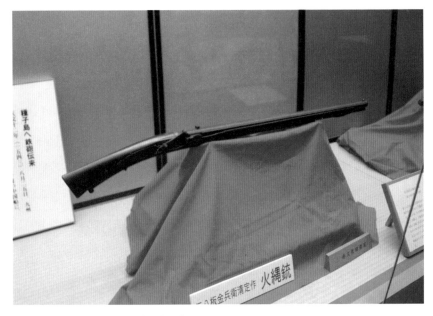

일본이 1544년 자체 제작한 최초의 조총.
복원품. 다네가시마 철포박물관.

　도키다카의 동상 옆으로 '충효비'라는 작은 돌 기념물이 기다린다. 이건
또 무엇인가? 주인공은 와카사若狹라는 여인이다. 도키다카의 명을 받고 조
총 제작에 나선 일본 부하가 처음 본 조총 제작방법을 알 턱이 없다. 주군의
명을 수행하지 못하면 죽음에 이를 수도 있는 상황에서 고민 끝에 포르투갈
상인을 찾아가 조총 제작법을 알려달라고 매달린다. 포르투갈 상인은 그의
딸 와카사를 아내로 요구한다. 난처해진 아버지. 이 말을 전해들은 와카사
가 아버지를 살리기 위해 결혼에 응한다. 일본여인을 얻은 포르투갈 상인
이 기술을 넘겨줬고, 조총이 완성됐다. 와카사는 포르투갈 상인을 따라 인
도네시아 포르투갈령 말라카까지 갔지만, 이듬해 홀로 돌아와 살았다고 한
다. 포르투갈 남편과 문화의 차이를 극복하지 못했을 터이다. 여인의 효심
을 제물로 신기술을 얻었던 일본이 다네가시마 섬에 우주기지를 세워 운영

충효비.
포르투갈 상인과 결혼해 조총기술을 전수받도록 해준 일본 여인 와카사 무덤. 다네가시마 섬.

중인 것은 우연보다는 인연에 가까워 보인다.

천주교도 고니시 유키나가 군대, 조선포로 세례

일본이라는 미지의 세계를 알게 된 포르투갈은 일본과 교류하며 1549년 천주교를 전파한다. 조총이 전파된 지 6년만이다. 당시 기독교를 전파한 주역은 예수회 소속으로 스페인 출신이지만 포르투갈 왕의 부탁을 받은 사비에르 신부. 가고시마에는 사비에르 신부가 최초로 교회를 세웠던 자리에 기념공원을 만들어 놓았다. 포르투갈이 1557년 명나라로부터 마카오를 무역거점으로 인정받는 데는 일본의 역할도 컸다. 이런 우호관계 속에 일본 내 천주교신자가 급격히 늘어났다.

일본 최초 기독교 전파유적.
가고시마.

1579년 15만 명까지 늘어난 일본의 천주교도 가운데 대표적인 인물이 임진왜란 당시 1군 사령관이던 고니시 유키나가, 세례명 아우구스티노다. 1587년부터 일본이 천주교 탄압으로 돌아섰지만, 고니시 유키나가는 1만8천명의 천주교신자로 구성된 1군을 이끌고 조선에 침략한다. 그러니까 부산진, 동래부, 탄금대에서 조선 병사들을 몰살시킨 왜군은 천주교도 부대였다. 여기에는 세스페데스를 비롯한 예수회 소속 선교사들도 따라 들어왔고, 2천여 명의 조선인 포로에게 세례를 해준 것으로 기록된다. 고니시 유키나가는 훗날 도요토미 히데요시 가문과 도쿠가와 이에야쓰 가문이 맞붙어 싸울 때 주군 도요토미 가문을 위해 목숨을 바친다. 승리한 도쿠가와 이에야쓰로부터 할복자살을 명받지만, 천주교신자인 탓에 자결을 거부해 효수당한다.

세계에 문 연 일본, 당쟁에 휩싸인 조선

일본이 세계와 만나며 전쟁을 준비할 때 조선은 1590년 정사 황윤길과 부사 김성일의 통신사 일행 200명을 일본으로 보낸다. 황윤길은 일본이 많은 병선을 준비하고 있다고 보고한다. 도요토미의 눈빛이 빛나고 담략이 있어 대비가 필요하다는 내용과 함께다. 당시 당파싸움에 휩싸리던 상황에서 서인이던 정사 황윤길과 달리 동인이던 부사 김성일은 도요토미를 쥐 같은 눈을 가졌다며 무시하고, 두려워할 게 없다고 말한다. 일본에 같이 다녀온 동인들도 김성일의 거짓 보고에 분노한다. 하지만, 요행을 바란 선조는 동인 김성일의 의견을 따랐다. 각 도에 명해 성 쌓기 등 전쟁대비 조치들을 중단시켰다.

이뿐 만이 아니다. 선위사 오억령 파직 사건은 무능하고 안일했던 조선 왕조의 실상을 적나라하게 보여준다. 오억령은 조선에 머무르던 일본 승려

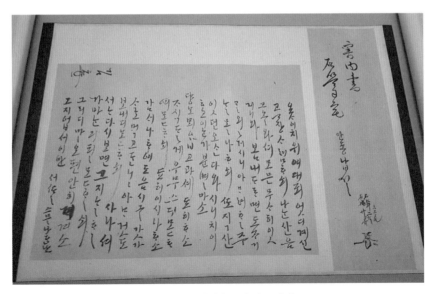

김성일이 임진왜란 중 안동 본가에 있는 부인에게 보낸 한글 편지.
국립진주박물관.

겐소 등에게서 "일본이 조선의 길을 빌려 명나라 정복 준비를 한다"는 말을 듣는다. 오억령은 이 첩보를 조정에 올린다. 일본의 거병이 확실하다는 거였다. 하지만, 조정에서 내린 답은 포상과 대비가 아니라 오억령 파직이었다. 세계를 향해 문을 열었던 일본과 정반대 조선을 비교하며 21세기 한일 관계를 돌아보면 아쉬움이 크다.

20. 조선 도공 17세기 유럽으로 수출길을 터주다

일본제품 불매운동의 일환으로 많은 국민이 일본여행을 중단하기 전까지만 해도 후쿠오카는 한국 관광객으로 붐볐다. 김포에서 가는 하늘길의 비행기편은 물론 부산에서 바다를 가로지르는 배편에서 쏟아진 한국인으로 후쿠오카 주변 명승지와 역사유적지가 시끌벅적했다. 그 중 한 곳이 아리타有田다. 후쿠오카 역에서 사세보로 가는 철도를 타면 백제 무령왕의 출생지 가카라시마가 있는 사가현이 나온다. 사가역을 거쳐 나가사키로 가는 분기점 히젠 야마구치역을 지나면 한적한 시골도시 아리타에 이른다. 아리타와 일본도자기, 조선도자기는 무슨 관계일까?

일본 도자기 산업 중심 아리타 도자기 시조

분위기가 남다르다. 낡은 일본식 기와건물 내부에 진열된 상품들이 유독 반짝이듯 눈에 들어온다. 도자기. 아리타는 일본도자기를 대표하는 도시로 손꼽힌다. 자전거를 빌려 타고 구석구석 특색 있는 가마를 찾아다니는 탐방객이 있을 정도다. 어떻게 이런 명성을 얻었을까? 역에서 북쪽으로 40분여 걸어 올라가면 도산신사陶山神社라고 쓴 도리이鳥居가 눈앞에 나타난다. 안으로 들어가 가파른 계단을 오르면 높이 솟은 비석과 마주친다. 비문을 읽어보자. '도조 이삼평 비陶祖李參平碑'. 일본 도자기의 시조로 불리는 도자기 명인 이삼평의 묘지 비석이다. 이삼평. 한국 출신인가?

도조 이삼평 비.
아리타 도산신사.

아리타 도자기, 임진왜란 때 끌려간 조선 도공이 기원

1592년 일본이 임진왜란을 일으킨다. 우리가 흔히 잘못 알고 있는 역사 상식은 중국이 한국을 지속적으로 침략했다는 거다. 676년 당나라와 신라가 오늘날 군산 앞바다에서 기벌포 해전, 22년 뒤 698년 당나라와 발해의 대조영이 만주에서 천문령 전투를 펼친 것을 끝으로 1950년 6.25때까지 중국 한족과 한국은 1252년 동안 전쟁을 벌인 적이 없다. 1388년 고려 우왕 때 5만 명을 동원해 명나라 영토 요동을 선제공격하려는 시도가 있었지만, 이성계의 쿠데타로 불발된 적은 있다.

중국의 한족을 지배한 북방 유목민족들 즉 거란, 여진, 몽골이 한국을 침략해 온 거다. 우리가 대륙의 기마민족에게 침략당할 때 한족도 같이 공격받았다. 반면 한국은 1274년과 1279년 두 차례 몽골과 연합해 일본을 침공했다. 1592년에는 일본이 선제적으로 쳐들어왔고, 1895년 청일전쟁에서 승리한 일본이 다시 한국을 침략해 지배한 거다. 1252년 동안 한국-중국의 우호분위기와 달리 한국-일본은 갈등하고 전쟁을 치른 사실을 정확히 인식해야 한다.

명나라와 일본의 휴전협상으로 소강국면에 접어들었던 임진왜란은 1597년 도요토미 히데요시의 명으로 다시 불붙는다. 이를 임진왜란과 분리해 정유재란이라 부르기도 한다. 하지만, 이듬해 1598년 침략의 원흉 도요토미 히데요시가 사망하면서 일본군은 전쟁을 중단하고 되돌아간다. 이때 많은 포로를 잡아가는데, 규슈 사가번藩의 번주 나베시마 나오시게가 충남 공주로 추정되는 지역에서 데려간 인물이 이삼평이다. 사가번 아리타에 정착한 이삼평은 나베시마 가문의 적극적인 후원 아래 도자기 가마를 연다. 조선의 앞선 도예기술에 명나라의 선진 기법을 더하고 여기에 일본의 전통 회화를 접목시켜 아름다운 아리타 자기를 탄생시킨다. 신안 해저무역선이 말해주듯 일본은 중국과 한반도를 잇는 무역항로를 통해 도자기를 들여와 생활문화의 격을 높여 왔다. 그러다, 마침내 자체생산하게 됐고, 일본 전역으로 생산기술을 보급시킨다.

17세기 일본 최고 수출품은 아리타 도자기

조선 도공의 노력에 힘입어 품격 있는 도자기를 생산한 일본은 한 발 더 나간다. 단순히 국내 생활용품으로만 쓰는 것이 아니라, 수출에 나선다. 1650년 나가사키 데지마 섬을 근거로 일본과 교역하던 네덜란드 동인도 회사가 145점의 아리타 도자기를 수입한다. 이 도자기들이 유럽인에게 큰 인기를 얻는다. 이에 네덜란드 동인도 회사는 1659년 수입규모를 대폭 늘린다. 5만6700여 점의 자기를 주문한다. 이때 도자기의 대명사 중국은 혼란기였다. 1644년 3월 이자성의 반란으로 명나라가 멸망한데 이어, 이자성 정부

마저 40일 지나 4월에 여진족 청나라에 무너진다.

　명나라에서 청나라로 교체되는 전란기에 일본도자기가 수출기회를 얻고, 아리타 도자기가 있어 이를 충족시킨다. 이후 70여 년 간 아리타 도자기는 유럽으로 무려 700만점 이상 실려 나간다. 오늘날 유럽 각지 박물관에 일본 도자기가 남아 있는 이유다. 도자기는 현대 일본 자동차 산업이나 첨단 소재산업 만큼 당시 일본경제 활성화 효과를 가져 온다.

　일본 도자기산업 발전에 공을 세운 인물은 이삼평 만이 아니다. 박평의, 심수관 가문의 시조 심당길을 비롯해 조선에서 간 많은 도공들의 뼈를 깎는 노력이 더해진 결과다. 일본은 이렇게 선진기술을 습득한 뒤, 자유무역으로 성장한 나라다. 그렇다면 일본 도자기 산업발전의 계기를 마련해준 임진왜란은 어떻게 발생한 것일까? 답을 찾아 유라시아 대륙 서쪽 끝, 포르투갈 대서양 연안으로 가보자.

발견의 탑, 15-16세기 포르투갈 신항로 개척 상징

　포르투갈 수도 리스본은 타구스강과 대서양이 만나는 천혜의 무역항이다. 리스본 시가지를 남북으로 가르는 타구스강 북단에 우뚝 솟은 발견의 탑 앞으로 가자. 탑은 15-16세기 세계 대양을 누비던 포르투갈 범선인 카라크(일명 나오스)선을 본 딴 형태다. 뱃머리에서 결연한 눈빛으로 대양을 응시하는 주역들 표정이 예사롭지 않다. 맨 앞은 15세기 포르투갈의 항해시대를 연 엔리케 왕자다. 그 뒤로 항해의 선구자들이 2줄로 따라가는 구도다.

　엔리케 뒤 왼쪽(동쪽)줄에는 인도항로를 발견한 바스코 다 가마, 브라질을 발견한 카브랄, 최초로 세계일주를 한 마젤란, 아프리카 최남단 희망봉을 발견한 바르톨로메우 디아스, 일본에 기독교를 전한 선교사 사비에르 등 16명을 세웠다. 오른쪽(서쪽)에도 탐험가 겸 작가 핀투를 비롯해 16명이니

발견의 탑.
타구스강 북단에 자리한다. 포르투갈 리스본.

합쳐 33명의 선구자들을 새겼다. 지금은 포르투갈의 위상이 유럽대륙의 작은 나라로 쪼그라들었지만, 15-16세기 지구촌 문명발전을 주도한 선도국가였음을 잘 보여준다.

포르투갈이 인류 무역사에 남긴 위업을 결코 과소평가될 수 없다. 포르투갈은 서양 역사에서 처음으로 인도와의 직교역을 위해 해양 탐험에 나선다. 당시 과학기술 수준과 정보로 인도항로 개척은 요즘 우주로 가는 것보다 더 어려웠다. 현대의 우주선은 다른 행성으로 가거나 태양계를 벗어나는데 시간이 오래 걸려서 그렇지 이미 정확한 목표와 통과지점, 일정표를 정밀하게 짜고 떠난다. 우주선의 진행정보도 사진으로 고스란히 지구에 전송된다. 하지만 15세기 대항해 시대는 모든 게 불투명한 채 베일에 가렸다. 인도라는 나라가 있다는 것 외에 나머지는 깜깜한 상태였다. 오직 모험심 하나로 하나씩 기술을 발전시키고 그에 맞춰 항로를 찾아낸 포르투갈 항해

선구자들의 용기와 노력은 대단하다는 칭찬이 부족하지 않다. 비록 훗날 서양의 탐험과 발견이 제국주의로 이어져 숱한 부작용을 낳았지만 말이다.

리스본 벨렘탑, 포르투갈 대항해 무역 상징

타구스강 북단 발견의 탑에서 서쪽으로 15분 쯤 걸으면 벨렘Belém 탑이 나온다. 벨렘은 예수님이 태어난 베들레헴의 포르투갈식 발음이다. 앞서 본 발견의 탑은 엔리케의 주도아래 아프리카 서해안 종단을 위해 떠난 배들과 15-16세기 포르투갈의 모든 항해 활동을 기려 1960년 세웠다. 새물내 물씬 풍긴다. 높이 52m, 길이 46m다. 벨렘탑은 성격이 다르다. 1488년 바르톨로메우 디아스가 희망봉을 발견하고 그의 길 안내로 바스코 다 가마가 1498년 인도항로를 개척한 항해업적을 기린다. 건축연대도 앞선다. 바스

벨렘탑.
1519년 완공된 건물로 포르투갈 지리탐험과 무역, 식민지 개척의 상징이다.

코 다 가마가 인도항로를 개척한 16년 뒤, 1514년 착공해 1519년 완공시켰으니 대항해 시대의 위상을 고스란히 담아낸다. 13세기 프랑스에서 시작된 고딕양식을 포르투갈이 변형 발전시킨 마누엘 양식의 높이 30m, 4층짜리 해양요새다. 1502년 완성된 근처 제로니모 수도원과 함께 세계문화유산으로 지정된 명물이다.

바스코 다 가마의 인도항로 개척은 현대 무역사는 물론 세계사를 다시 쓰는 계기였다. 포르투갈은 1505년 알메이다를 첫 인도총독으로 파견해 총독부를 설치하고 대 아시아 무역시대를 연다. 향료가 나는 인도네시아 몰루카 제도와 필리핀으로 무역거래를 확대해 큰돈을 번다. 서쪽으로는 남아메리카로 가 식민지를 건설한다. 브라질의 모태다. 벨렝탑은 16세기 세계로 뻗어가던 무역대국 포르투갈 상선이 드나들던 리스본의 관문이자 입출항 통제기관이었다. 벨렝탑을 떠나 몰루카 제도로 갔던 무역선과 상인들이 일본의 운명을 바꾼다.

1543년 포르투갈 상인 일본에 철포 (조총) 전파

일본 규슈 최남단 도시 가고시마 항구 앞 사쿠라지마는 1911년 분화 때 용암이 대거 분출돼 육지와 연결된 이력을 지녔다. 지금도 연중

알 메이다.
포르투갈의 초대 인도 총독(1505~1509년).
리스본해양박물관.

연기를 뿜어내는 사쿠라지마를 바라보며 항구에서 쾌속선을 타고 다네가시마 섬에 내려 섬의 최남단 가도쿠라곶門倉岬으로 가보자. 리스본 벨렝탑을 떠난 포르투갈 상선이 인도네시아 몰루카제도에서 마카오로 가다 태풍에 떠밀려 표류한 곳이다. 1543년 8월 25일이다. 포르투갈 상인들이 표류한 곳에 설치한 일본 안내판은 마침 선박에 명나라(중국) 사람이 있어, 한자로 필담 대화를 나눴다고 기록한다. 선원들이 배가 무역선이라고 주장했다는 내용도 보인다. 선원들은 6개월여 다네가시마에 머문다. 앞서 살펴본 대로 일본은 이때 조총제작기술을 익혀 대량생산하며 1592년 임진왜란의 발판을 마련한다.

1549년 포르투갈 신부 일본에 기독교 전파

가도쿠라곶 언덕에서 내려다본 해안.
포르투갈 상인들이 표류한 장소다.

포르투갈 리스본 벨렝탑에서 제로니모 수도원으로 가보자. 웅장하면서도 화려한 석공 예술에 모두가 탄성을 자아낸다. 제로니모 수도원에서 나와 수도원 왼쪽으로 붙은 국립고고학박물관을 지나 해양박물관으로 발길을 옮긴다. 입구에서 포르투갈을 해양대국으로 이끈 엔리케 왕자 조각을 보고 안으로 들어간다. 그림 한 점이 탐방객의 시선을 사로잡는다.

누구일까? 1543년 포르투갈 상인들은 일본에 조총을 전해준 뒤, 고국으로 돌아가 일본의 존재를 알린다. 이에 포르투갈은 일본과 무역에 본격적으로 나선다. 동시에 기독교 전파에도 공을 들인다. 그림의 주인공은 6년 뒤 1549년 일본 가고시마에 상륙한 포르투갈의 프란시스코 사비에르 신부다. 산타크루즈호를 타고 일본으로 가던 도중의 에피소드를 그린 건데, 이게 좀⋯ 박물관의 그림설명을 읽어보자. 생수가 모자라 산타크루즈호 선원들이 갈증으로 죽음 일보 직전에 몰렸다. 이에 사비에르 신부가 바닷물을 생수로 바꿔 선원을 구하는 기적을 일군다.

엔리케 왕자 조각.
리스본해양박물관.

천신만고 끝에 산타크루즈호는 1549년 8월 15일 가고시마항에 닻을 내린다. 가고시마 시내 중심가에는 당시 사비에르 신부가 최초로 지었던 교회 건물의 잔해가 남아 있으며 옆에는 현대식 기념교회가 아담한 자태로 다소곳이 서 있다. 백제를 통해 유교와 유학, 불교를 받아

산타크루즈호와 사비에르 신부.
사비에르 신부가 바닷물을 생수로 바꾸는 기적을 일구는 그림. 리스본해양박물관.

들인 일본은 포르투갈을 통해 기독교를 받아들였다.

도쿠가와 막부, 포르투갈과 단교 뒤 네덜란드와 교역

리스본 해양박물관으로 다시 가보자. 16 17세기 포르투갈의 해외 무역현황을 보여주는 여러 점의 지도 가운데, 일본의 나가사키항을 묘사한 지도가 눈길을 끈다. 나가사키의 'ㄷ'자형 육지로 둘러싸인 항구에는 2척의 범선이 정박해 있다. 범선 오른쪽을 보자. 항구 입구의 돌섬 2곳을 장애물로 연결해 막았다. 항구 폐쇄다. 내항에 정박한 2척의 범선은 꼼짝없이 갇힌 신세다. 1647년 8월 15일 벌어진 일이다. 일본이 포르투갈 범선 2척을 나가사키 항구에 강제 정박시킨 결과다. 왜 그랬을까?

일본은 1634년 나가사키항에 인공섬 데지마를 착공해 1636년 완공시킨다. 그리고 포르투갈 상인들을 이곳에만 머물도록 한다. 포르투갈 상인들의 활동범위를 축소한 일본은 3년 뒤 1639년 돌연 100여년 가까이 이어지던 포르투갈과 무역을 전면 중단하고, 포르투갈 선교단을 추방한다. 이어 1641년 포르투갈인들이 떠나 텅 빈 데지마에 사세보 앞바다 히라도에 있던 네덜란드 상인들을 이주시킨다. 일본은 이미 네덜란드와 교역을 튼 상태였다. 1626년 인조 때 제주도에 표류한 벨테브레, 27년 뒤 1653년 역시 제주도에 표류한 하멜은 일본으로 가다 제주도에 태풍으로 표류한 네덜란드 상선의 네덜란드 상인이다.

17세기 막부시대로 후퇴한 일본의 무역규제

무역을 지속하고 싶었던 포르투갈은 1547년 산 주앙, 산토 안드레 2척의 배에 사절단을 태워 일본으로 보낸다. 하지만, 일본은 8월 15일 나가사키에 들어온 포르투갈 선박을 억류시킨다. 앞서 본 리스본해양박물관의 그림은 이때 상황을 묘사한 거다. 20일 뒤인 9월 4일 일본은 봉쇄를 풀고 포르투갈 선박 2척을 돌려보낸다. 무역 재개 요구는 불발로 끝난다. 일본은 1641년부터 네덜란드 상인에게만 데지마를 근거로 일본과 무역할 독점 지위를 부여한 터였다. 일본은 왜 포르투갈 대신 네덜란드를 선택한 것일까? 포르투갈이 기독교를 포교하려 한다는 정치적인 이유를 들어 100여 년간 자유롭게 교역하던 포르투갈과의 관계를 일방적으로 끊은 거다.

선교보다 무역에 치중한 네덜란드는 교역을 이어간다. 1650년 네덜란드 동인도 회사가 아리타의 도자기를 처음 유럽으로 실어갔던 것도 이런 배경이다. 일본은 1641년 이후 1854년 미국의 페리제독에 강제개항 당할 '때까지 213년 동안 데지마를 통해 네덜란드와 무역하며 서구문물을 받아들인다. 여기서 피어난 일본의 학문을 화란和蘭, 네덜란드에서 '난蘭'을 따 '난학蘭學'

억류당한 포르투갈 배.
1647년 리스본 해양박물관.

이라 부른다. 이처럼 무역을 통한 선진문물로 성장한 일본이 경제 외적인 문제로 한국과 무역을 제한하며 경제전쟁을 일으키는 행태는 자신의 과거를 부정하는 행위다. 정치적인 이유로 포르투갈과의 무역을 중단시킨 17세기 도쿠가와 막부시대로 회귀한 구태다. 일본이 상식을 회복해 정치적 이유를 버리고 호혜평등의 자유무역 정신으로 돌아오길 기대해 본다.

21. 고대 정치 고대 지중해를 지배하던 공화정

  2019년 5월 일본, 태국, 영국, 벨기에 4개의 왕정제 국가에서 일어난 왕실 소식이 지구촌 뉴스거리로 관심을 받았다. 왕위 선양, 신왕 즉위, 왕실 출산 소식이다. 이 3건의 뉴스를 접하며 궁금증이 든다. 21세기 민주주의 시대 지구촌에서 왕정제를 유지하는 나라는 몇 개나 될까? 193개 유엔 회원국 가운데 명목상이나마 왕을 국가수반으로 채택하는 곳은 44개 나라다. 왕정제 대신 공화정으로 국가를 운영하는 우리 입장에서 보면 아직도 꽤 많은 수의 나라가 왕정을 유지하는 게 다소 놀랍다. 여기서 하나 더 궁금해진다. 인류 역사에서 국가가 탄생한 뒤, 고대에는 모두 왕정제였을까? 왕정제가 공화국으로 발전한 것일까? 서양문명의 모태인 그리스로마도 그랬을까?

남자 왕위 계승자 2명만 지켜본 일본왕 즉위식

  일본의 수도 도쿄로 가면 의원내각제 국가인 일본에서 정치의 중심인 국회 옆으로 거대한 성을 만난다. 일본의 성은 우리와 달리 성벽 둘레로 거대한 물웅덩이를 빙 둘러 판다. 적이 침략해 왔을 때 성벽에 기어오르지 못하게 아예 성벽 주변에 깊은 물웅덩이, 일명 해자垓字를 만든 거다. 국회 옆에 거대한 해자를 갖춘 성에 일본 왕이 산다. 일본왕은 원래 교토에 살았지만, 1868년 메이지 왕 때 도쿄에 거점을 둔 도쿠가와 막부를 폐지하면서 막부의 성을 빼앗는다. 그 성이 바로 오늘날 사는 도쿄 황궁이다.

일본 황궁.
도쿄.

대한민국임시정부 수반 김구 선생이 주도하던 대일 무장 항전단체 한인 애국단 소속 이봉창 의사가 일본 왕 히로히토의 마차를 향해 수류탄을 던진 1932년 1월 8일 사쿠라다桜田문 항쟁. 이 거사 장소도 바로 이곳 황궁 해자 옆에 붙은 문이다. 이봉창 의사가 던진 수류탄 32m 뒤쪽 마차를 타고 있던 히로히토는 목숨을 건졌다.

그의 손자 나루히토가 2019년 5월 1일 새 일본왕에 올랐다. 아버지 아키히토가 아직 살아 있음에도 선위한 덕에 왕위를 이어받았다. 고대 샤머니즘의 전통을 간직한 곡옥, 검, 거울의 3대 신기神器를 지난달 받아 왕의 정통성을 확보한 뒤다. 놀랍게도 일본왕 즉위식에는 '왕위 계승 자격을 갖춘 남자만 참석한다'는 규정에 따라 왕비 마사코는 남편의 왕 즉위를 지켜보지 못했다. 작은아버지 마사히토와 동생 후미히토만 참석했다니 21세기 가치관과 따로 노는 일본의 모습이 생뚱맞다.

국민 20만 명이 지켜본 365억원의 태국왕 즉위식

일본의 새 왕이 즉위한 지 3일 뒤, 2019년 5월 4일부터 6일까지 3일 동안 태국에서도 왕 즉위식이 펼쳐졌다. 새로운 태국왕은 마하 와찌랄롱꼰(라마 10세). 선왕 푸미폰 아둔야뎃(라마 9세)이 2016년 12월 90살로 숨진 뒤, 미뤄뒀던 지각 즉위식을 치른 거다. 태국 왕실은 "국왕이 왕실의 전통에 따라 대관식을 열어 국민들을 즐겁게 하는 것이 좋다"며 37도의 폭염에도 20만 명이 참석하는 가두 즉위행진을 펼쳤다.

200년 전 다이아몬드 원석을 넣어 만든 높이 26㎝, 무게 7.3kg짜리 황금 보석왕관을 머리에 썼으니, 소고기 12근을 머리에 인 거라 무거울 텐데… 황금으로 장식한 마차도 탔다. 10억 바트(365억 원)를 비용으로 쓴 즉위식이 국민을 충분히 즐겁게 했을까? 이질감을 느끼게 했을까? 비용이야 최대 60억 달러(66조원)에 달한다는 넉넉한 왕실 재산이 있어 가능했겠다.

독일계 영국왕실 94세 엘리자베스 여왕 손자의 득남

영국 왕실은 태국왕이 3일 간의 즉위식을 마치던 2019년 5월 6일 찰스 왕세자의 둘째 아들 해리 왕자(서식스 공작) 부인이 체중 3.2kg의 아들을 순산했다고 발표했다. 해리 왕자는 94세 엘리자베스 여왕의 손자다. 엘리자베스 2세 여왕은 1952년 아버지 조지 6세가 58세의 나이로 일찍 죽으면서 27세에 왕위에 오른다. 이후 수많은 관광객들이 찾아 내부까지 관람하는 런던의 버킹엄궁에 산다. 영국 왕실의 뿌리는 바이킹이다. 덴마크에서 내려온 바이킹 우두머리 롤로가 프랑스 센강 하류 노르망디 지방에 서프랑크(훗날 프랑스) 왕국 샤를 3세로부터 911년 영지와 노르망디 백작(훗날 공작으로 승격) 칭호를 받아 프랑스 신하가 된다. 롤로의 후손인 노르망디 공작 기욤(윌리엄)은 1066년 영국을 침공해 영국왕에 오른다. 영국왕실은 그 후손이다.

영국 왕실의 기원이 되는 프랑스 노르망디 바이킹.
1066년 영국침공 장면. 바이외 타피스리. 12세기. 바이외 타피스리 박물관.

물론 남자 후손만으로 이뤄진 게 아니라 여성 후계자도 거치면서 이어진
다. 지금 엘리자베스 2세 여왕 왕실을 윈저왕조라고 부른다. 윈저 왕조의 1
대 왕 조지 1세(재위 1714~1727년)는 말이 영국왕이지 영어에 서툴렀다. 독
일인이기 때문이다. 영국의 스튜어트 왕조가 앤여왕을 끝으로 상속자가 없
자, 독일 하노버 왕조로 시집간 스튜어트 왕조 공주의 아들이 영국왕을 상
속한 것이다. 그래서 하노버 왕조로 불리다가 1914년 1차 세계대전이 터져
독일에 대한 감정이 나빠지자 윈저왕조로 이름을 바꾼 거다. 공화국으로
바뀐 프랑스나 독일과 달리 왕조를 이어가는 영국에서 94세의 노여왕은 일
본의 87세 아키히토처럼 왕위를 선위하지 않아 우리 나이 72세의 아들 찰
스 왕세자는 고희를 넘겨서도 왕이 될 엄두를 못낸다.

친자 확인소송 휘말린 84세 벨기에 상왕

2019년 5월 17일 들려온 벨기에 왕실 소식은 민주국가에서 왕정제의 독특한 면모를 보여준다. 지난 2013년 왕위에서 물러나 지금은 상왕인 84세의 알베르 2세가 50세 델피네 뵐이란 여인으로부터 친자확인 소송에 휘말렸다는 거다. 더욱이 DNA 검사에 응하지 않는 알베르 2세에게 벨기에 법원이 매일 5천 유로(666만원)의 벌금을 물렸다는 소식이다. 만약 뵐이 친딸로 판명될 경우, 공주로서 벨기에 왕가의 성을 따르며, 알베르 2세의 재산 8분의 1에 대한 권리를 갖는다고 한다. 그럼 알베르 2세는 재산이 많을까? 국고지원금으로 살아간다니 벌금에 못 견뎌 결국 친자확인 소송에 응할 수밖에 없어 보인다. 영국, 태국, 일본과 비교되는 민주국가 벨기에의 왕정 소식을 뒤로 하고 고대 지중해 국가들의 정치체제를 들여다본다.

아테네 기원전 6세기 모든 공직자 국민선출

그리스 아테네로 가보자. 이름만 들어도 가슴 설레는 소크라테스, 플라톤, 아리스토텔레스, 소포클레스, 페리클레스 등과 관련한 유적이 2천5백년 가까이 오롯하다. 민주주의라면 고대 그리스를 떠올린다. 그중 가장 완벽한 민주주의를 구현했던 도시국가가 아테네다. 아테네는 기원전 621년 드라콘이 처음 법을 만들어 법치시대를 연다. 무기를 들고 전쟁에 참여하는 모든 이에게 참정권을 준다. 하지만, 공직자로 선출되는 사람은 귀족위주였다. 기원전 594년 솔론 시대 모든 시민에게 참정권을 주고, 평민도 공직을 맡을 수 있도록 해준다. 기원전 560년 왕에 해당하는 참주가 나타나 40여년 부자 2대에 걸쳐 독재를 편다. 하지만, 결국 기원전 508년 클레이스테네스의 혁명과 개혁을 통해 민주공화정이 부활한다. 이때부터 18세 이상의 모든 남자 시민은 공직 투표권을 갖고, 동시에 공직에 출마할 수 있는 시대를 연다. 오늘날 18세 투표권의 기원이다.

아테네 기원전 5세기 국민투표로 법률, 정책 결정

아테네의 고대 아고라 아탈로스 스토아에 자리한 아고라 박물관에는 특이한 유물이 탐방객을 맞이한다. 클레로테리온Kleroterion이라 부르는 돌로 만든 추첨 장치다. 민회 배심원 재판 제도를 운영한 아테네는 배심원을 추첨으로 뽑았다. 기원전 462년 에피알테스의 개혁으로 가능해진 일이다. 이때 또 하나. 아테네의 모든 공직을 추첨제로 바꾼다. 공직자의 지위가 단순한 정책집행자로 변한 거다. 그렇다면 정책 결정은? 모든 정책을 국민이 민회Eklesia에서 직접 투표로 결정하는 직접 민주주의 시대가 열린다. 지금까지 인류 역사에서 가장 완벽한 형태의 직접 민주주의를 구가한다. 민회에 올릴 안건을 결정하는 일종의 민회 준비위원회 성격의 의회 보울레Boule가 있었고, 이들이 일하던 회의 장소를 보울레오테리온Bouleoterion이라 부른다.

프닉스 언덕.
아테네 민회 개최 장소.

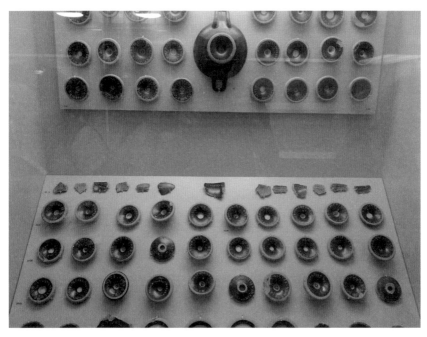

오스트라콘.
도편추방할 정치인 이름을 적은 도자기. 아테네 아고라 박물관.

모든 추첨 공직자의 임기는 1년으로 연임은 불가능하다. 단 장군직만큼은 국방을 위해 임기 제한을 두지 않아, 유력한 정치인들은 매년 장군직에 출마해 정치적 영향력을 유지하려 애썼다. 하지만, 비록 연임의 정치적 영향력을 발휘하던 장군이라도 국민 눈 밖에 나면 도편추방법Ostracism을 통해 과감하게 권력에서 끌어내 국외 추방해 버렸다. 국민이 진정한 주인이었던 거다. 이런 민주주의는 기원전 334년 알렉산더가 스파르타를 제외한 그리스 문명권 전체를 지배 아래 두면서 붕괴된다.

로마 기원전 3세기 평민대표 호민관 실질 권력

이탈리아 수도 로마 도심을 가로지르는 티베르 강가에 기원전 753년 로물루스가 건국한 로마는 왕정으로 출발한다. 하지만 기원전 509년 브루투스의 혁명으로 왕정을 타파하고 공화국 시대를 연다. 켄투리아 민회Comitia Ceturiata에서 선출한 2명의 집정관Consul이 서로의 독재를 견제하며 공동 통치한다. 집정관은 현대 대의민주주의 입장에서 보면 대통령이다. 하지만, 귀족만 당선되자 평민들의 반발이 커졌다. 로마의 평민들은 기원전 474년 전쟁에 참여하지 않겠다는 전쟁 파업을 통해 귀족들로부터 정치권력을 동등하게 인정받는다. 평민회Concilium Plebis에서 호민관Tribunus Plebis을 뽑아 집정관의 법률에 거부권을 행사할 수 있는 권한을 부여받은 것이다.

기원전 287년에는 호민관 호르텐시우스가 제안한 법이 통과돼 평민회에서 통과시킨 법률을 국법과 동등하게 인정해 국민주권의 민주주의 시대를 연다. 이때부터 평민들 가운데 권력의 핵심에 오르는 새로운 인물들이 많

포로 로마노(로마 포럼).
로마의 공화정 역사가 고스란히 응축된 역사현장이다.

아졌고 이를 노빌리스Nobilis라고 불렀다. 영어로 귀족 노블Noble의 어원이다. 로마에서 행정실무를 담당하는 정부 책임자들은 집정관이나 호민관이 임명하는 게 아니다. 분야별로 모두 직선제였다.

로마 기원전 3세기 모든 공직자 국민선출

79년 베수비오 화산이 터져 폼페이가 비극적으로 화산재에 묻힌 다음 해 80년. 로마 중심부에 검투경기장 콜로세움이 우뚝 솟는다. 자결로 생을 마감한 네로 황제의 궁전 연못을 메운 자리에 4만7천명 관객 수용규모로 10년 만에 완공한 거다. 거대한 실용건축에서 뛰어난 면모를 자랑했던 로마의 건축 담당 공직자 조영관Aedile, 아에딜레 4명은 국민 직선이었다. 재정업무를 담당하는 재무관Quaestor, 쿠아이스토르 20명, 인구조사관Censor, 켄소르(인구조사를 의미하는 센서스의 어원)도 마찬가지다. 요즘으로 치면 각부 장관을 국민이 직접 뽑은 셈이다. 로마처럼 직선제로 하면 코드인사니, 수첩인사니 이런 비난의 소지나 인사청문회의 꼴불견을 보지 않아도 된다. 무엇보다 재판관Praetor, 프라에토르 역시 직선제였으니, 검찰개혁이니 적폐법원 개혁이니 이런 화두로 국민들 골머리 앓을 일도 없다. 미국의 각 주 검찰총장을 직선제로 뽑는 것도 이런 전통이다.

카이사르와 옥타비아누스, 공화정을 왕정으로

로마공화정은 아테네 직접민주주의와 다른 독특한 관직을 뒀다. 독재관 Magister Populi이라 부른다. 전쟁이나 국가 위기 시에 국정 전권을 장악해 지휘할 수 있다. 그러나 6개월이라는 한시적 기간만 허용했다. 이를 악용해 독재의 길을 튼 사람이 카이사르다. 기원전 49년 쿠데타를 일으킨 카이사르는 기원전 45년 1월 종신독재관이라는 해괴한 직책으로 실질적인 왕을 꿈꾸다 2달 만인 3월에 암살되고 만다. 카이사르의 뒤를 이은 상속자 옥타비아누스가 숱한 공화파 인사들을 숙청하고 기원전 27년 거수기가 된 원로원으로부터 아우구스투스Augustus, 존엄한 자 호칭을 받으며 사실상 황제가 된다. 로마의 500년 공화정은 이렇게 막을 내린다.

카르타고 최고 통치자 국민선출

한니발로 이름 높은 카르타고의 나라, 북아프리카 튀니지로 가보자. 그림 같은 풍경의 바닷가에 자리한 카르타고 폐허에서 역사를 되돌아본다. 카르타고는 동지중해 오늘날 레바논 땅의 페니키아인들이 기원전 814년 건국한다. 서지중해 패권을 장악하고 해상무역으로 돈을 벌어 강대국으로 군림했지만, 로마와 3차례에 걸친 전쟁에서 기원전 146년 최종적으로 패해

수게스툼.
정치연설단. 폼페이.

카르타고 공무원 조항 석판.
카르타고박물관.

역사에서 사라진다. 그 카르타고의 정치체제는 왕정이었을까?

　카르타고 박물관에 남은 기원전 4세기 유물을 보면 쇼페트(복수 쇼페팀)라고 부르는 공직자들이 각 분야를 담당하며 행정을 펼쳤다. 최고위직 '수페타트'는 비록 종신직이기는 했지만, 선출직이다. 의회도 있었지만, 왕은 없다. 기원전 3세기 헬레니즘 시대 활약했던 이집트 프톨레마이오스 왕조의 그리스 과학자 에라토스테네스는 "카르타고는 훌륭한 법체계로 사회가 안정됐으며 민중소요가 없을 뿐더러 독재자도 나오지 않았다"고 카르타고 정치체제에 높은 점수를 준다. 기원전 7-기원전 1세기 지중해를 장악하며 화려한 문명을 꽃피웠던 3개 나라 그리스 아테네, 로마, 카르타고는 왕정제가 아니라 공화국이었다.

22. 면류관 | 중국 황제는 금관을 쓰지 않았다

흔히 금관을 왕이 쓰는 것으로 생각한다. 그래서 금관이라는 이름 대신 왕관이라는 이름으로 불리기도 한다. 필자는 이런 명칭이 잘못된 것임을 『금관의 역사』(홀리데이북스, 2019년)를 통해 밝힌 바 있다. 고대 사회 금관의 경우 우리나라를 포함해 남성보다는 여성이 쓰는 경우가 더 많았다. 고귀한 신분과 화려한 장식을 상징할 뿐 권력 특히 왕권과는 큰 관계가 없다. 서양에서 왕이 금관을 사용하기 시작한 것은 중세 이후다. 동양의 역사는 중국 역사를 빼놓고 논할 수 가 없다. 중국 역사는 그만큼 유구할 뿐 아니라 인류 역사 어느 시기 어느 국가에 견주어도 모자람이 없는 빼어난 문명상을 일궜다. 스스로 세계의 중심이라 여겼던 중화사상의 중국 황제들은 무슨 관을 썼을까? 황제들을 묘사한 유물을 통해 들여다본다.

중국 고대 황제는 금관을 썼을까

고대 중국 한족 역사부터 간략히 살펴보자. 중국 한족의 역사는 3황5제로 시작된다. 3황은 전설상의 인물로 복희씨, 여와씨, 신농씨. 그러나 기원전 100년 전후에 쓰인 사마천의 『사기』는 3황을 언급하지 않고 5제부터 다룬다. 3황을 전설로 치부하면서 신빙성을 낮춰 본 까닭이다. 5제는 황제黃帝 헌원, 전욱, 제곡, 요, 순으로 이어진다. 그 뒤를, 하나라, 상(은)나라, 주나라가 잇는다. 이들을 묘사하거나 그린 유물은 아직 발견되지 않는다. 관을 썼는지 추측하기도 어렵다.

중국 산시성 린펀臨汾은 5제의 4번째 임금이자 요순시대로 일컬어지는 태평성대의 요堯임금이 도읍으로 삼아 나라를 다스렸다는 곳이다. 삼국시대를 통일한 진나라 즉, 서진西晉(265~316년)에 이미 건축돼 있던 것으로 추정되는 요임금 사당 요묘堯廟가 자리하며 요임금이 팠다는 우물도 전해진다. 요묘 옆에는 중국 한족 역사 화하문명華夏文明의 문을 열었다는 의미에서 화문華門이 있는데, 세상에서 처음 열린 문, 세상에서 가장 큰 문이라는 의미에서 천하제일문으로도 불린다. 2002년부터 3년간 공사 끝에 2005년 완공돼 콘크리트 새물내 물씬 풍긴다. 너비가 80m, 높이는 50m로 파리 개선문의 49.6m보다 높다. 문 안에 고대 중국 다양한 신화와 역사 속 인물 조각이 있는데, 금관 등을 쓴 모습은 없다. 물론 현대 만든 조각이라 의미를 부여할 수는 없다.

진시황, 한 무제, 유비 면류관

요순시대를 거쳐 우임금이 세운 하나라, 탕임금이 세운 상(은)나라에 이어 주나라 때 춘추 전국시대로 접어든다. 기원전 221년 이를 통일한 진나라 시황제(재위 기원전 246~기원전 210년)부터 황제皇帝의 역사가 본격적으로 닻을 올린다. 진시황 모습을 그린 유물은 아직 나오지 않았다. 하지만, 병마용 갱

신화시대 남신 복희씨와 여신 여와씨가 용의 몸뚱아리로 붙은 모습.
복제품. 국립중앙박물관.

으로 가면 입구에 현대에 만든 진시황의 거대한 조각이 탐방객을 맞는다. 무엇을 쓰고 있는지 머리를 보자. 면류관이다. 진나라가 무너진 뒤 등장한 한나라의 최대 정복군주 무제(재위 기원전 141~기원전 87년)의 무덤인 무릉으로 발길을 옮긴다. 역시 진시황릉처럼 아직 발굴되지 않았다. 무제를 묘사한 조각이나 그림 역시 출토되지 않았다. 무릉 박물관에 모형으로 재현해 놓은 모습을 보면 진시황처럼 면류관을 썼다.

한나라가 무너진 뒤 중국은 삼국시대로 들어선다. 조조의 위나라, 유비의 촉나라, 손권의 오나라. 그중 우리에게 현군의 상징처럼 인식되는 촉나라 유비는 어땠을까? 촉나라의 수도였던 쓰촨성 청두에는 유비의 무덤을 품은 사당 무후사가 자리한다. 발굴이 안돼 진상은 알 수 없고, 유비(재위 221~223년)의 모형만을 사당에 만들어 놨다. 역시 면류관을 쓴 모습이다.

면류관 쓴 진시황 동상.
시안 병마용.

중국을 통일했던 수나라 문제 초상화

삼국시대를 이어 진나라가 들어서지만 중국은 곧 기마민족을 비롯한 이민족의 침략으로 국토가 갈리며 남북조시대를 맞는다. 여기서 궁금해진다. 중국인들은 무슨 근거로 진시황부터 무제, 유비를 전부 면류관 쓴 모습으로 재현할까? 베이징 국가박물관으로 가보자. 중국 황제한 명의 초상화가 위엄을 갖추고 탐방객을 맞는다. 이민족이 주인이었던 남북조시대를 종식시키며 수나라를 세운 문제(재위 581~604년) 양견의 초상이다. 면류관을 쓴 이 모습이 지금까지 유물로 남은 가장 오래된 중국 한족 황제의 모습이다. 진시황부터 한무제, 유비까지 면류관을 쓴 모습으로 묘사하는 준거다.

당 태종부터 송나라 때 한족 왕조 익선관

수나라에 이어 등장한 한족의 나라는 당나라다. 고구려를 침략했던 당나라 태종(재위 626~649년)의 초상화도 베이징국가박물관에 전시중이다. 면류관이 아닌 익선관을 쓴 모습이 조선의 사극에서 많이 보던 터라 익숙하다. 면류관은 행사 때, 익선관은 평상시에 쓴다. 물론 둘 다 금관과는 거리가 멀다. 당나라가 무너진 뒤 5대 10국의 혼란기를 극복하고 송나라를 세운 태조 조광윤(재위 960~976년)의 초상화도 국가박물관에서 접할 수 있다. 역시 금관과는 거리가 멀다.

면류관 쓴 수 문제 양견.
초상화. 6세기. 베이징국가박물관.

익선관을 쓴 당태종 초상화.
7세기. 베이징국가박물관.

몽골 대원제국과 여진족 청나라도 금관 없어

송나라를 무너트린 국가는 몽골이다. 1206년 몽골제국을 세운 칭기즈 칸 (재위 1206~1227년), 그의 손자로 남송을 무너트리고 대원제국을 세운 세조 쿠빌라이(재위 1271~1294년)는 지구 역사에서 가장 광활한 제국을 통치한 지도자였다. 하지만, 아무런 관을 쓰지 않았다. 몽골 카라코룸박물관에서 보는 몽골 대칸들의 초상화는 소박한 시골 아저씨 같다. 지구상 최고 권력자의 모습이라고 믿기지 않는다. 대원제국의 마지막 대칸으로 기황후의 남편이기도 한 순제(재위 1233~1268년) 초상화 역시 마찬가지다.

한족 왕조 부활시킨 명나라 황제 익선관

대원제국을 무너트리고 등장한 한족의 명나라 태조 주원장(재위

몽골제국을 세운 칭기즈 칸.
카라코룸박물관.

1368~1398년)의 초상화를 베이징 자금성 고궁박물관에서 만나보자. 당태종처럼 익선관을 쓴 모습이다. 명나라 황제로 임진왜란 때 5만 명의 구원군을 조선에 보내준 만력제(재위 1572~1620년)의 능으로 가보자, 베이징 교외에 조성한 명나라 황제 13명의 능, 일명 명 13릉 가운데 정릉이다. 정릉 전시관에서 보는 만력제의 그림 역시 익선관 차림이다. 명나라를 무너트린 이자성 정부를 쓰러트리고 중국 정통정부를 선언한 여진족 청나라 황제의 관모를 보자. 시조인 태조 누르하치(재위 1616~1626년)부터 중국 역사상 가장 위대한 황제로 손꼽히는 강희제(재위 1661~1722년)를 포함해 금관과 거리가 먼 소박한 전통 모자를 쓴 모습이다.

황후나 귀족 여인은 보석 장식관

몽골 수도 울란바토르 역사박물관에 있는 몽골초원 출토 금관을 보자.

금실로 만든 익선관.
명나라 영락제 무덤 장릉 출토. 명 13릉 장릉 전시관.

몽골초원의 중앙에 해당하는 아르항가이 아이막의 돌궐(튀르크) 왕 빌게 카
간(재위 716~734년) 제사유적에서 출토한 금관이다. 돌궐의 국력을 최대로
끌어 올렸던 빌게 카간이 734년 죽고 나서 이듬해 735년 그의 장례식이 거
행됐다. 중국이나 주변 기마민족 국가사절단이 대거 참석한 성대한 장례식
이었다. 빌게 카간의 제사유적에서 출토된 이 보석금관은 빌게 카간이나
왕비 하툰의 것이다. 고대 기마민족의 금관 사용실태를 보여준다. 돌궐이
몽골초원을 떠나 중앙아시아와 오늘날 터키를 향해 간 뒤, 몽골초원을 이어
받은 위구르나 거란의 요나라도 마찬가지다. 공주의 무덤에서 화려한 장식
의 금도금 은관들이 출토된다.

　황후나 공주들이 머리에 화려한 장식을 하기는 몽골에서도 마찬가지였
다. 중국 한족은 어땠을까? 베이징 국가박물관으로 가면 명나라 만력제의
황후 보석관을 전시중이다. 진주를 비롯한 다양한 보석을 넣은 화려한 장

돌궐 금관.
돌궐왕 빌게 카간 제사유적 출토. 735년. 울란바토르 국립역사박물관.

식관은 황제의 권력이 아닌 황후의 권위를 상징한다. 기마민족의 여성용 보석금관이나 관모 금장식의 전통과 맥이 닿는다. 명나라에 이어 등장한 청나라의 경우 황제들과 달리 황실 여인이나 고위 관료 부인들이 화려한 보석금관을 사용했다. 청나라 1품 관리이던 원화완(1730~1797년)의 부인이 사용하던 '일품호명부인' 금관이 그 예다. 권력이 아닌 권위를 상징하는 여성 장식용 금관의 면모다.

명나라 만력황제 황후의 화려한 보석관.
베이징국가박물관.

청나라 1품관리 원화완(1730-1797)의 부인용 [일품호명부인] 금관
난징박물관.

24개국 100개 박물관

한국(22개)

인천시립박물관

강원대박물관

전남대박물관

한성백제박물관

국립중앙박물관

국립경주박물관

고창고인돌박물관

국립광주박물관

국립청주박물관

국립김해박물관

국립진주박물관

국립춘천박물관

경기도박물관

국립민속박물관

충주고구려비전시관

양주회암사지박물관

미륵사지박물관

고령대가야박물관

부산복천박물관

익산 왕궁리 유적 전시관

독립기념관

중국(19개)

베이징국가박물관

베이징자금성박물관

난징박물관

후난성박물관

우르무치박물관

지안고구려고분벽화전시실

유리하서주연도유지박물관

허난성은허박물관

시안산시성박물관

시안무릉박물관

란저우간쑤성박물관

시안비림박물관

뤄양박물관

성두유지박물관

후허하오터내몽골박물원

뤄양천자가육전시관

성두무후사

명13릉장릉전시관

명13릉정릉전시관

일본(7개)

사카이 박물관

국립도쿄박물관

카시하라고고학자료관

나라법륭사전시관

대마도박물관

다네가시마철포박물관

타이완(1개)

고궁박물원

카자흐스탄(2개)

알마티박물관

아스타나 박물관

우즈베키스탄(3개)

타쉬겐트미술관

타쉬겐트박물관

사마르칸드아프라시압궁전박물관

몽골(3개)

카라코룸 박물관

몽골 역사문화연구소

울란바토르 국립 역사박물관

인도(2개)

델리박물관

카주라호박물관

프랑스(3개)

루브르박물관

파리 기메박물관

바이외 타피스리박물관

영국(5개)

대영박물관

콜체스터박물관

체스터박물관

피서본박물관

사이렌세스터박물관

독일(3개)

베를린 노이에스박물관

베를린 페르가몬박물관

마인츠박물관

오스트리아(2개)

   비엔나미술사박물관

   비엔나무기박물관

이탈리아(6개)

   피아짜아르메리나카살레빌라전

시관

   나폴리국립박물관

   바티칸박물관

   토리노이집트박물관

   로마 카피톨리니박물관

   로마 팔라쪼마시모박물관

스페인(3개)

   마드리드고고학박물관

   바르셀로나고고학국립박물관

   타라고나박물관

포르투갈(2개)

   리스본고고학박물관

   리스본해양박물관

우크라이나(1개)

   키예프 라브라보물관

이집트(3개)

   카이로이집트박물관

   룩소르 투탕카멘묘전시관

   아스완 누비아박물관

튀니지(1개)

   카르타고박물관

레바논(2개)

   베이루트국립박물관

   비블로스박물관

그리스(2개)

   아테네고고학박물관

   아테네아고라박물관

터키(4개)

   앙카라 아나톨리아문명 박물관

   터키 안타키아 모자이크 박물관

   이스탄불 오리엔트 고고학박물관

   페르가몬 현장전시관

러시아(4개)

    크라스노다르박물관

    모스크바 역사박물관

    에르미타쥬 박물관

    케르치 박물관

요르단(1개)

    암만요르단박물관

이스라엘(1개)

    예루살렘이스라엘박물관